공부력

ⓠ 왜 공부력을 키워야 할까요?

쓰기력

정확한 의사소통의 기본기이며 논리의 바탕

연필을 잡고 종이에 쓰는 것을 괴로워한다!
맞춤법을 몰라 정확한 쓰기를 못한다!
말은 잘하지만 조리 있게 쓰는 것이 어렵다!
그래서 글쓰기의 기본 규칙을 정확히 알고
써야 공부 능력이 향상됩니다.

어휘력

교과 내용 이해와 독해력의 기본 바탕

어휘를 몰라서 수학 문제를 못 푼다!
어휘를 몰라서 사회, 과학 내용 이해가 안 된다!
어휘를 몰라서 수업 내용을 따라가기 어렵다!
그래서 교과 내용 이해의 기본 바탕을
다지기 위해 어휘 학습을 해야 합니다.

독해력

모든 교과 실력 향상의 기본 바탕

글을 읽었지만 무슨 내용인지 모른다!
글을 읽고 이해하는 데 시간이 오래 걸린다!
읽어서 이해하는 공부 방식을 거부하려고 한다!
그래서 통합적 사고력의 바탕인 독해 공부로
교과 실력 향상의 기본기를 닦아야 합니다.

계산력

초등 수학의 핵심이자 기본 바탕

계산 과정의 실수가 잦다!
계산을 하긴 하는데 시간이 오래 걸린다!
계산은 하는데 계산 개념을 정확히 모른다!
그래서 계산 개념을 익히고 속도와 정확성을
높이기 위한 훈련을 통해 계산력을 키워야 합니다.

세상이 변해도
배움의 즐거움은
변함없도록

시대는 빠르게 변해도
배움의 즐거움은
변함없어야 하기에

어제의 비상은
남다른 교재부터
결이 다른 콘텐츠
전에 없던 교육 플랫폼까지

변함없는 혁신으로
교육 문화 환경의 새로운 전형을
실현해왔습니다.

비상은 오늘, 다시 한번
새로운 교육 문화 환경을 실현하기 위한
또 하나의 혁신을 시작합니다.

오늘의 내가 어제의 나를 초월하고
오늘의 교육이 어제의 교육을 초월하여
배움의 즐거움을 지속하는 혁신,

바로, 메타인지학습을.

상상을 실현하는 교육 문화 기업 비상

메타인지학습
초월을 뜻하는 meta와 생각을 뜻하는 인지가 결합된 메타인지는
자신이 알고 모르는 것을 스스로 구분하고 학습계획을 세우도록 하는
궁극의 학습 능력입니다. 비상의 메타인지학습은 메타인지를 키워주어
공부를 100% 내 것으로 만들도록 합니다.

완자

ω 완자

공부력

초등 국어
독해 3B

초등 국어 독해
3A, 3B, 4A, 4B 글감 구성

과목별 공부 영역을 반영한 글감을 통해
풍부한 배경지식과 독해 실력을 키워요!

특징과 활용법

하루 4쪽 공부하기

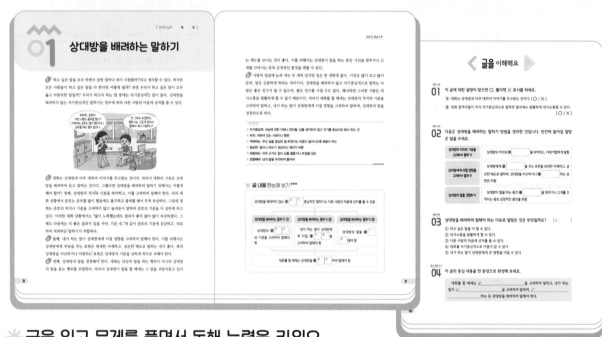

✷ 글을 읽고 문제를 풀면서 독해 능력을 키워요.
✷ [글 내용 한눈에 보기]를 통해 글의 구조를
파악하는 능력을 길러요.

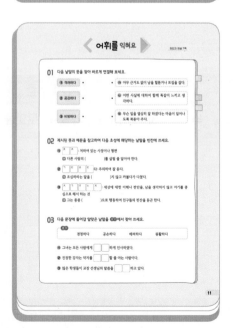

✷ 글에 나온 어휘를 다양한 문제를
통해 재미있게 익혀요.

✅ 책으로 하루 4쪽 공부하며, 초등 독해력을 키워요!

✅ 모바일앱으로 공부한 내용을 복습하고 몬스터를 잡아요!

공부한 내용 **확인하기**

모바일앱으로 복습하기

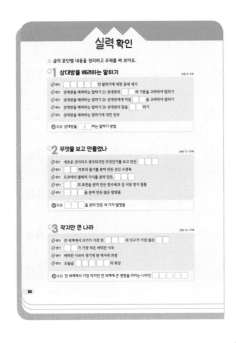

앱 다운받기   책 인증하기

✳ 20일 동안 공부한 내용을 정리 💡
해 보며 자기의 실력을 확인해요.

✳ 그날 배운 내용을 바로바로,
또는 주말에 모아서 복습하고,
다이아몬드 획득까지! 💎
공부가 저절로 즐거워져요!

차례

우리도 하루 4쪽 공부 습관!
스스로 공부하는 힘을
키워 볼까요?

큰 습관이
지금은 그 친구를 이끌고 있어요.
매일매일의 좋은 습관은 우리를 좋은
곳으로 이끌어 줄 거예요.

한 친구가
작은 습관을 만들었어요.

매일매일의 시간이 흘러
작은 습관은 큰 습관이 되었어요.

상대방을 배려하는 말하기

1 '하고 싶은 말을 모두 하면서 살면 얼마나 속이 시원할까?'라고 생각할 수 있다. 하지만 모든 사람들이 하고 싶은 말을 다 한다면 어떻게 될까? 과연 우리가 하고 싶은 말이 모두 옳고 바람직한 말일까? 우리가 하고자 하는 말 중에는 자기중심적인 말이 많다. 상대방을 배려하지 않는 자기중심적인 말하기는 경우에 따라 다른 사람의 마음에 상처를 줄 수 있다.

2 대화는 상대방과 마주 대하여 이야기를 주고받는 것이다. 따라서 대화의 기본은 상대방을 배려하며 듣고 말하는 것이다. 그렇다면 상대방을 배려하며 말하기 위해서는 어떻게 해야 할까? 첫째, 상대방의 처지와 기분을 파악하고, 이를 고려하여 말해야 한다. 위의 대화 상황에서 준호는 공부를 많이 했음에도 불구하고 꼴찌를 해서 무척 속상하다. 그런데 영희는 준호의 처지나 기분을 고려하지 않고 놀리듯이 말하여 준호의 기분을 더 상하게 하고 있다. 이러한 대화 상황에서는 "많이 노력했는데도 결과가 좋지 않아 많이 속상하겠다. 그래도 다음에는 더 좋은 결과가 있을 거야. 기운 내."와 같이 준호의 기분에 공감하고, 위로하며 격려하는 말하기가 적합하다.

3 둘째, 내가 하는 말이 상대방에게 미칠 영향을 고려하여 말해야 한다. 이를 위해서는 상대방에게 부담을 주는 표현은 최대한 자제하고, 공손한 태도로 말하는 것이 좋다. 특히 상대방을 비난하거나 비방하는 표현은 상대방의 기분을 상하게 하므로 피해야 한다.

4 셋째, 상대방의 말을 경청해야 한다. 대화는 단순히 말을 하는 행위가 아니라 상대방의 말을 듣는 행위를 포함한다. 따라서 상대방이 말을 할 때에는 그 말을 귀담아듣고 있다

는 태도를 보이는 것이 좋다. 이를 위해서는 상대방이 말을 하는 동안 시선을 맞추거나 고개를 끄덕이는 등의 긍정적인 몸짓을 취할 수 있다.

5 사람의 얼굴에 눈과 귀는 두 개씩 있지만 입은 한 개밖에 없다. 이것은 많이 보고 많이 듣되, 말은 신중하게 하라는 의미이다. 상대방을 배려하지 않고 자기중심적으로 말하는 사람은 좋은 친구가 될 수 없으며, 좋은 친구를 사귈 수도 없다. 왜냐하면 그러한 사람은 의사소통을 원활하게 할 수 없기 때문이다. 따라서 대화를 할 때에는 상대방의 처지와 기분을 고려하여 말하고, 내가 하는 말이 상대방에게 미칠 영향을 고려하여 말하며, 상대방의 말을 경청하도록 하자.

◆ **자기중심적:** 세상에 대한 이해나 판단을, 남을 생각하지 않고 자기를 중심으로 해서 하는 것
◆ **처지:** 처하여 있는 사정이나 형편
◆ **격려하는:** 무슨 일을 열심히 잘 하겠다는 마음이 일어나도록 북돋아 주는
◆ **공손한:** 말이나 태도가 겸손하고 예의가 바른
◆ **비방하는:** 아무 근거도 없이 남을 헐뜯거나 트집을 잡는
◆ **경청해야:** 남의 말을 주의하여 들어야

❯❯ 글 **내용** 한눈에 보기 ●●●

상대방을 배려하지 않는 **1** [ㅈ][ㄱ] 중심적인 말하기는 다른 사람의 마음에 상처를 줄 수 있음

상대방을 배려하는 말하기 ①
상대방의 **2** [ㅊ][ㅈ] 와 기분을 고려하여 말해야 함

상대방을 배려하는 말하기 ②
내가 하는 말이 상대방에게 미칠 **3** [ㅇ][ㅎ] 을 고려하여 말해야 함

상대방을 배려하는 말하기 ③
상대방의 말을 **4** [ㄱ][ㅊ] 해야 함

대화를 할 때에는 상대방을 **5** [ㅂ][ㄹ] 하여 말해야 함

글을 이해해요

내용 이해

01 이 글에 대한 설명이 맞으면 ○, 틀리면 ✕ 표시를 하세요.

1 대화는 상대방과 마주 대하여 이야기를 주고받는 것이다. [○ / ✕]

2 대화 참여자들이 각자 자기중심적으로 말하면 결국에는 원활하게 의사소통할 수 있다.
[○ / ✕]

내용 이해

02 다음은 상대방을 배려하는 말하기 방법을 정리한 것입니다. 빈칸에 들어갈 알맞은 말을 쓰세요.

상대방의 처지와 기분을 고려하여 말하기	상대방의 처지와 **1** [ ]을 파악하고, 이에 적합하게 말함
상대방에게 미칠 영향을 고려하여 말하기	상대방에게 **2** [ ]을 주는 표현을 최대한 자제하고, 공손한 태도로 말하며, 상대방을 비난하거나 **3** [ ]하는 표현은 피함
상대방의 말을 경청하기	상대방이 말을 하는 동안 **4** [ ]을 맞추거나 고개를 끄덕이는 등의 긍정적인 몸짓을 취함

내용 추론

03 상대방을 배려하며 말해야 하는 이유로 알맞은 것은 무엇일까요? [✎   ]

① 하고 싶은 말을 다 할 수 있다.
② 의사소통을 원활하게 할 수 있다.
③ 다른 사람의 마음에 상처를 줄 수 있다.
④ 대화를 자기중심적으로 이끌어 갈 수 있다.
⑤ 내가 하는 말이 상대방에게 큰 영향을 미칠 수 있다.

중심 내용 쓰기

04 이 글의 중심 내용을 한 문장으로 완성해 보세요.

대화를 할 때에는 ✎_____을 고려하여 말하고, 내가 하는 말이 ✎_____을 고려하여 말하며, ✎_____ _____하는 등 상대방을 배려하며 말해야 한다.

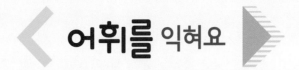
01 다음 낱말의 뜻을 찾아 바르게 연결해 보세요.

1 격려하다 •

2 공감하다 •

3 비방하다 •

• **ㄱ** 아무 근거도 없이 남을 헐뜯거나 트집을 잡다.

• **ㄴ** 어떤 사실에 대하여 함께 똑같이 느끼고 생각하다.

• **ㄷ** 무슨 일을 열심히 잘 하겠다는 마음이 일어나도록 북돋아 주다.

02 제시된 뜻과 예문을 참고하여 다음 초성에 해당하는 낱말을 빈칸에 쓰세요.

1 ㅊ ㅈ : 처하여 있는 사정이나 형편

예 다른 사람의 (   )를 살필 줄 알아야 한다.

2 ㄱ ㄷ ㅇ ㄷ 다: 주의하여 잘 듣다.

예 조심하라는 말을 (   )지 않고 까불다가 다쳤다.

3 ㅈ ㄱ ㅈ ㅅ ㅈ : 세상에 대한 이해나 판단을, 남을 생각하지 않고 자기를 중심으로 해서 하는 것

예 그는 종종 (   )으로 행동하여 친구들의 핀잔을 듣곤 한다.

03 다음 문장에 들어갈 알맞은 낱말을 보기에서 찾아 쓰세요.

보기

경청하다　　　　공손하다　　　　배려하다　　　　원활하다

1 그녀는 모든 사람에게 [   ][   ]하게 인사하였다.

2 진정한 강자는 약자를 [   ][   ]할 줄 아는 사람이다.

3 많은 학생들이 교장 선생님의 말씀을 [   ][   ]하고 있다.

11

무엇을 보고 만들었나

① 아직까지 없었던 물건을 새로 생각하여 만들어 낸 것을 '발명품'이라고 한다. 그래서 발명품이라고 하면 기존에 없던 것, 완전히 새로운 것이라고 생각하게 된다. 하지만 발명품이라고 해서 무(無)에서 유(有)를 창조하는 것은 아니다. 발명품들이 무엇을 보고 만들었는지 살펴보도록 하자.

② 수영 선수들이 온몸을 감싸는 전신 수영복을 입고 경기하는 모습을 본 적이 있을 것이다. 전신 수영복은 특수한 소재로 만들어서 물에 잘 뜨고 근육의 피로도 줄여 준다. 게다가 표면에 돌기가 있어서 선수의 몸을 따라 물이 흐르도록 해 준다. 즉 물의 저항을 줄여 주어 선수가 더 빨리 헤엄칠 수 있도록 돕는다. 물속에서 빠르게 움직이는 상어의 피부에는 작은 돌기가 빼곡하게 있어서 물의 저항을 줄여 준다. 전신 수영복의 표면은 상어 피부의 돌기 모양을 본뜬 것이다. 이런 전신 수영복을 입은 선수들이 실제 대회에서 세계 신기록을 많이 세웠다.

 **>>**

③ 벨크로는 신발을 조일 때 쓰는 장치, 머리카락을 말아 구불거리게 만드는 헤어 롤러 등에 사용된다. 벨크로는 스위스의 메스트랄이라는 사람이 발명한 것으로, 프랑스어로 벨벳을 뜻하는 블루아르와 고리를 뜻하는 크로셰를 합쳐 이름을 붙였다고 한다. 어느 날 사냥을 나갔다 돌아온 메스트랄은 작은 도꼬마리 열매들이 옷에 붙어 떨어지지 않는 것을 발견했다. 그는 도꼬마리 열매의 가시가 갈고리 모양으로 된 것을 본떠 벨크로의 한 면은 갈고리 모양으로, 다른 한 면은 둥근 고리 모양으로 만들었다. 그래서 벨크로는 두 면이 닿으면 서로 엉겨서 밀착되어 잘 붙고 또 힘을 주어 떼면 잘 떨어진다. 벨크로는 이렇게 쉽게 사용할 수 있어서 다양한 곳에 쓰이고 있다.

4 연잎에 물을 떨어뜨리면 물이 스며들지 않고 물방울이 되었다가 굴러떨어진다. 이는 연잎의 표면에 물을 밀어내는 성질을 가진 아주 작은 돌기가 있기 때문이다. 이때 먼지도 물방울과 함께 떨어져서 연잎은 항상 깨끗하게 유지된다. 이것을 '연잎 효과'라고 한다. 물이 스며들지 못하게 하는 방수복이나 욕실 거울에 김이 서리지 않게 하는 필름 등은 연잎의 표면을 본뜬 것이다.

5 전신 수영복이나 벨크로 등과 같이 우리 주변에 있는 자연물을 본떠 만든 발명품이 많다. 이러한 발명품들은 자연물의 특징을 우리 생활에 적용하여 만든 것이다. 자연물에는 아직 우리 생활을 편리하게 만들어 줄 특징이 무궁무진하다. 그래서 앞으로 또 어떤 발명품이 나올지 기대된다.

◆ **기존**: 이미 존재하는 것
◆ **돌기**: 밋밋한 데에 뾰족하게 도드라져 나온 부분
◆ **저항**: 물체가 움직이는 방향과 반대 방향으로 작용하는 힘. 물체가 그 방향으로 움직이지 못하게 방해함
◆ **적용하여**: 알맞게 이용하거나 맞추어 써
◆ **무궁무진하다**: 한도 없고 끝도 없이 매우 많다.

》 글 내용 한눈에 보기 •••

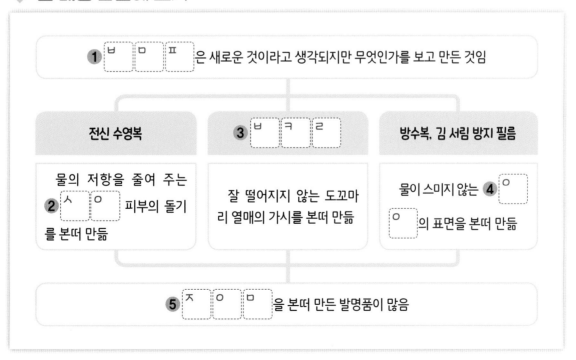

1 ㅂㅁㅍ 은 새로운 것이라고 생각되지만 무엇인가를 보고 만든 것임

전신 수영복	**3** ㅂㅋㄹ	방수복, 김 서림 방지 필름
물의 저항을 줄여 주는 **2** ㅅㅇ 피부의 돌기를 본떠 만듦	잘 떨어지지 않는 도꼬마리 열매의 가시를 본떠 만듦	물이 스미지 않는 **4** ㅇ ㅇ 의 표면을 본떠 만듦

5 ㅈㅇㅁ 을 본떠 만든 발명품이 많음

내용 이해
01 이 글에 대한 설명이 맞으면 ◯, 틀리면 ✕ 표시를 하세요.

1 발명품은 아직까지 없었던 물건을 새로 생각하여 만들어 낸 것으로, 무(無)에서 유(有)를 창조하는 것이다. [◯ / ✕]

2 식물의 가시를 본떠서 만든 벨크로는 신발을 조일 때 쓰는 장치, 헤어 롤러 등 다양한 곳에 쓰이고 있다. [◯ / ✕]

내용 이해
02 이 글을 읽고 알 수 있는 내용이 <u>아닌</u> 것은 무엇인가요? [✎   ]

① 벨크로는 쉽게 붙이고 뗄 수 있다.
② 방수복에 물을 떨어뜨리면 바로 흡수된다.
③ 연잎은 물이 스며들지 않으며 항상 깨끗하게 유지된다.
④ 상어 피부를 본뜬 전신 수영복을 입은 선수들이 세계 신기록을 세웠다.
⑤ 도꼬마리 열매의 가시는 갈고리 모양이라 옷에 붙으면 잘 떨어지지 않는다.

내용 이해
03 다음 빈칸에 들어갈 알맞은 말을 쓰세요.

상어의 피부와 전신 수영복의 표면에는 작은 **❶** [   ] 가 있어서 물의
❷ [   ] 을 줄여 준다.

내용 추론
04 이 글에 추가할 수 있는 발명품의 예로 적절하지 <u>않은</u> 것은 무엇일까요? [✎   ]

① 오리의 발을 보고 만든 물갈퀴
② 민들레 씨앗을 본떠 만든 낙하산
③ 새의 날개를 흉내 내서 만든 비행기
④ 강력 접착제를 만들다가 우연히 만든 포스트잇
⑤ 장미의 가시덩굴에서 힌트를 얻어 만든 가시철조망

중심 내용 쓰기
05 이 글의 중심 내용을 한 문장으로 완성해 보세요.

전신 수영복이나 벨크로 등과 같이 우리 주변에 있는 ✎[   ]을 본떠 만든
✎[   ]이 많다.

01 다음 낱말의 뜻을 찾아 바르게 연결해 보세요.

1 기존 • • ㄱ 몸 전체

2 돌기 • • ㄴ 이미 존재하는 것

3 전신 • • ㄷ 밋밋한 데에 뾰족하게 도드라져 나온 부분

02 제시된 뜻과 예문을 참고하여 다음 초성에 해당하는 낱말을 빈칸에 쓰세요.

1 ㅁ ㅊ 되다: 둘이 빈틈없이 달라붙다.

예 스티커가 창문에 (　　　　)되어 떨어지지 않는다.

2 ㅁ ㄱ ㅁ ㅈ 하다: 한도 없고 끝도 없이 매우 많다.

예 친한 친구와 이야기할 때에는 할 말이 (　　　　)하게 많다.

3 ㅈ ㅎ : 물체가 움직이는 방향과 반대 방향으로 작용하는 힘

예 빨리 달리기 위해서는 공기의 (　　　　)을 줄여야 한다.

03 다음 문장에 들어갈 알맞은 낱말을 보기 에서 찾아 쓰세요.

보기

경기하다　　　적용하다　　　창조하다　　　특수하다

1 한글은 과학적 원리를 　　　 하여 만들었다.

2 이 창문은 　　　 한 소재로 만들어져 방음 효과가 뛰어나다.

03 작지만 큰 나라

① 전 세계에는 230여 개의 나라가 있고, 79억 명 정도의 사람이 살고 있다. 수많은 나라를 크기 순서대로 늘어놓으면 러시아, 캐나다, 미국, 중국, 브라질 순서가 된다. 그렇다면 인구가 가장 많은 나라는 어디일까? 중국에는 약 14억 5천만 명, 인도에는 약 14억 명, 미국에는 약 3억 명의 사람이 살고 있다. 우리나라는 5천만 명 정도가 살고 있어서 전 세계의 인구 순위로 보면 28위 정도이다. 전 세계의 모든 사람의 수를 100이라고 한다면 중국의 인구는 18, 인도의 인구는 17, 미국의 인구는 4 정도이며, 우리나라는 1이 채 되지 않는다.

② 그렇다면 인구가 가장 적은 나라는 어디일까? 바로 인구가 1,000명도 되지 않는 바티칸 시국이다. 바티칸 시국은 이탈리아의 수도인 로마시 안에 있다. 하나의 나라가 도시 안에 있을 정도로 작은 것이다. 세계에서 가장 큰 나라인 러시아의 크기는 우리나라의 약 170배 정도이다. 바티칸 시국의 크기가 서울에 있는 경복궁보다 약간 큰 정도라고 하니, 러시아와 바티칸 시국의 크기 차이가 엄청나다는 것을 알 수 있다. 어떻게 이런 작은 나라가 생길 수 있었을까?

③ 이탈리아는 1860년대 전까지 여러 개의 작은 나라로 쪼개져 있다가 1860~1870년 사이에 통일을 이루었다. 그 과정에서 로마를 중심으로 교황이 다스리던 영토까지 이탈리아의 영토가 되었고, 영토를 빼앗긴 교황은 이탈리아와 갈등을 겪었다. 교황은 가톨릭을 대표하는 사람이고 가톨릭은 전 세계적으로 신자가 많은 종교였다. 이탈리아는 교황도, 가톨릭도 함부로 대할 수 없었다. 그래서 1929년에 이탈리아와 교황은 서로를 인정하기로 하고, 바티칸 시국을 교황이 다스린다는 협약을 맺었다. 이렇게 이탈리아 안에 교황이 다스리는 바티칸 시국이 있게 된 것이다.

4 바티칸 시국은 전 세계에서 인구가 가장 적고, 크기도 가장 작은 나라이다. 하지만 바티칸 시국은 교황이 다스리는 가톨릭의 중심지로 전 세계에 큰 영향을 미치는 나라이며, 많은 관광객이 찾는 나라이기도 하다. 바티칸 시국에는 성 베드로 대성당과 성 베드로 광장을 포함해 아름다운 건축물이 많다. 또한 미켈란젤로의 대표작인 「천지창조」, 「최후의 심판」 같은 벽화를 비롯하여 유명한 미술 작품들도 있다.

◆ **수도**: 한 나라의 중앙 정부가 있는 도시. 우리나라의 경우 서울에 해당함
◆ **교황**: 가톨릭교의 최고위 성직자
◆ **영토**: 한 나라의 통치권이 미치는 영역
◆ **갈등**: 서로 대립되는 입장·견해·이해 때문에 생기는 충돌. 칡과 등나무가 서로 얽혀 있는 모습에서 유래함
◆ **신자**: 종교를 믿는 사람
◆ **함부로**: 생각 없이 마구. 되는 대로
◆ **협약**: 어떤 문제를 서로 이익이 되게 하려고 여럿이 의논하여 약속하는 것
◆ **중심지**: 어떤 일이나 활동의 중심이 되는 곳

≫ 글 내용 한눈에 보기 •••

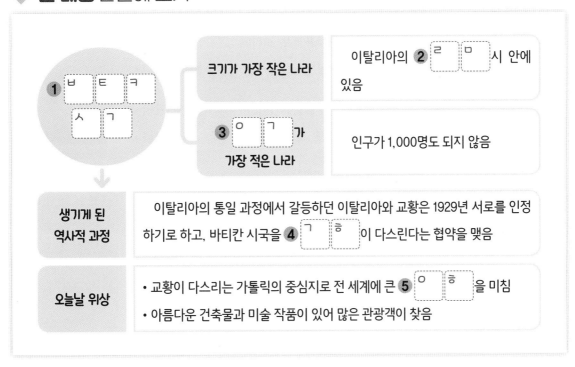

① ㅂ ㅌ ㅋ ㅅ ㄱ	크기가 가장 작은 나라	이탈리아의 ② ㄹ ㅁ 시 안에 있음
	③ ㅇ ㄱ 가 가장 적은 나라	인구가 1,000명도 되지 않음

생기게 된 역사적 과정	이탈리아의 통일 과정에서 갈등하던 이탈리아와 교황은 1929년 서로를 인정하기로 하고, 바티칸 시국을 ④ ㄱ ㅎ 이 다스린다는 협약을 맺음
오늘날 위상	• 교황이 다스리는 가톨릭의 중심지로 전 세계에 큰 ⑤ ㅇ ㅎ 을 미침 • 아름다운 건축물과 미술 작품이 있어 많은 관광객이 찾음

글을 이해해요

내용 이해

01 바티칸 시국에 대한 설명으로 알맞은 것을 골라 보세요.

1 바티칸 시국은 전 세계에서 인구가 가장 [많은 / 적은] 나라이다.

2 1929년, 이탈리아와 교황은 바티칸 시국을 [교황이 / 이탈리아가] 다스리기로 협약을 맺었다.

내용 이해

02 이 글의 내용으로 알맞지 <u>않은</u> 것은 무엇인가요? [✎   ]

① 인도의 인구는 미국보다 많고 중국보다 적다.
② 바티칸 시국에는 아름다운 건축물과 유명한 미술 작품이 있다.
③ 전 세계에는 230여 개의 나라가 있고 79억 명 정도가 살고 있다.
④ 전 세계 인구를 100이라고 할 때 우리나라의 인구는 28 정도이다.
⑤ 작은 나라로 쪼개져 있던 이탈리아는 1860~1870년 사이에 통일되었다.

내용 추론

03 보기를 참고하여 제시된 나라들의 크기를 비교하고 >, < 기호로 표시하세요.

보기

예 1 < 2 < 3   3 > 2 > 1

입을 벌린 모양 ' < '이 큰 쪽으로 향하도록 표시합니다.

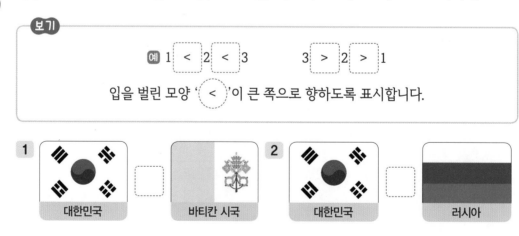

1 대한민국   □   바티칸 시국

2 대한민국   □   러시아

중심 내용 쓰기

04 이 글의 중심 내용을 한 문장으로 완성해 보세요.

✎ _____은 전 세계에서 인구가 가장 적고 크기도 가장 작은 나라이지만,
✎ _____로 전 세계에 큰 영향을 미친다.

01 다음 낱말의 뜻을 찾아 바르게 연결해 보세요.

1 수도 •

2 영토 •

3 협약 •

• **ㄱ** 한 나라의 통치권이 미치는 영역

• **ㄴ** 한 나라의 중앙 정부가 있는 도시

• **ㄷ** 어떤 문제를 서로 이익이 되게 하려고 여럿이 의논하여 약속하는 것

02 제시된 뜻과 예문을 참고하여 다음 초성에 해당하는 낱말을 빈칸에 쓰세요.

1 ㅅ ㅈ : 종교를 믿는 사람

예 그 종교는 불과 몇 달 사이에 ( )가 배로 늘었다.

2 ㅎ ㅂ ㄹ : 생각 없이 마구. 되는 대로

예 길거리에 쓰레기를 ( ) 버리면 안 된다.

3 ㅈ ㅅ ㅈ : 어떤 일이나 활동의 중심이 되는 곳

예 예로부터 교통의 ( )에는 큰 시장이 생겨났다.

03 다음 문장에 들어갈 알맞은 낱말을 보기 에서 찾아 쓰세요.

보기

갈등   교황   영향   통일

1 ⬜⬜ 은 종교를 떠나 모든 사람을 위해 기도하였다.

2 학생들은 가족 혹은 친구와의 ⬜⬜ 을 스트레스의 가장 큰 원인으로 꼽았다.

사려 깊은 노랑 물고기

① 먼 옛날, 어느 나라에 이름 모를 성이 있었다. 성문 아래에는 작은 연못이 있었는데, 연못 속에는 늘 물고기 떼가 한가롭게 놀고 있었다.

어느 날, 갑자기 노랑 물고기가 소리쳤다.

"얘들아, 큰일 났어! 성문에 불이 났어! 우리도 빨리 도망가자."

그 말을 듣고, 다른 물고기들이 코웃음을 치며 말하였다.

"성문에 불이 났으면 난 거지, 왜 이리 소란을 피우니? 너 겁쟁이구나!"

"여기 그냥 있으면 안 돼. 그러다 우리 모두 사람들에게 잡히게 될 거야."

"성문은 저기에 있는데, 성문에 불난 게 우리랑 무슨 상관이야? 난 여기서 계속 놀고 싶어!"

"그래, 나도 그냥 여기에 있을래!"

노랑 물고기는 걱정스러운 표정으로 친구 물고기들을 바라보았다.

'어떡하지? 연못에 남아 있으면 큰일 날 텐데……. 할 수 없지. 나라도 도망가야지.'

몇 번을 더 설득해 보았지만 다른 물고기들이 꼼짝도 하지 않자 노랑 물고기는 할 수 없이 혼자 연못을 벗어나 도랑으로 헤엄쳐 갔다.

② 이때, 사람들이 물통을 들고 연못으로 우르르 몰려왔다. 사람들은 연못에서 성문까지 한 줄로 길게 늘어서더니 연못의 물을 퍼서 성문의 불을 끄기 시작했다.

"다들 힘을 내서 물을 좀 더 빠르게 전달해 주세요!"

곧 연못의 물은 빠르게 줄어들었다. 여유 있게 놀고 있던 다른 물고기들은 그제야 상황이 심상치 않음을 눈치채었다.

"얘들아, 큰일 났어. 사람들이 물을 퍼내서 연못의 물이 줄어들고 있어. 노랑 물고기의 말이 맞았어!"

"그럼 도망가면 되지. 얼른 도랑으로 피하자!"

"도랑으로 이어지는 물길이 벌써 사라져 버렸어. 어쩌면 좋아!"

③ 성문의 불이 다 꺼졌을 때쯤 연못의 물도 바닥났다. 연못이 바닥을 드러내자 미처 도망가지 못한 물고기들이 흙탕 속에서 팔딱이고 있었다.

"아니, 물고기잖아? 잘됐다. 오늘 저녁 반찬으로 먹으면 되겠어!"

사람들은 앞다투어 물고기들을 잡았다.

④ 이 이야기에서 우리는 어떤 교훈을 얻을 수 있을까? 노랑 물고기가 다른 물고기들과 다른 점은 무엇이었을까? 노랑 물고기는 눈앞에 벌어진 일만 고려한 것이 아니라, 그로 인해 자신에게 미칠 위험까지 고려하여 행동하였다. 이와 같이 여러 가지 일에 대하여 깊게 생각하는 태도를 '사려 깊다'라고 표현한다. 우리도 이제부터 사려 깊게 주위의 여러 가지 일들을 살피고 깊게 생각한 후 행동하는 게 어떨까?

◆ **한가롭게**: 바쁘지 않아 편안하고 여유가 있게
◆ **코웃음**: 대수롭지 않게 여겨 '흥' 하며 비웃는 웃음
◆ **소란**: 시끄럽고 어지러운 상태
◆ **도랑**: 폭이 좁은 작은 개울
◆ **흙탕**: 흙이 많이 섞여 몹시 흐려진 물
◆ **앞다투어**: 남보다 먼저 나아가려고 애써
◆ **사려**: 여러 가지 일에 대하여 깊게 생각함. 또는 그런 생각

≫ 글 내용 한눈에 보기 ●●●

성문에 불이 나자 노랑 물고기가 ❶ ㄷ ㅁ 가자고 하지만 다른 물고기들은 듣지 않음 → 사람들이 불을 끄느라 퍼내면서 ❷ ㅇ ㅁ 의 물이 빠르게 줄어듦 → 연못이 ❸ ㅂ ㄷ 을 드러내자 물고기들은 도망가지 못하고 사람들에게 잡힘

노랑 물고기 이야기를 바탕으로 ❹ ㅅ ㄹ 깊은 태도에 대해 당부함

글을 이해해요

내용 이해
01 이 글에 대한 설명으로 알맞은 것을 골라 보세요.

1 [도랑 / 연못]에서 놀고 있던 물고기들은 노랑 물고기의 말을 듣지 않았다.

2 성문에 난 불이 꺼진 후 [노랑 물고기는 / 다른 물고기들은] 사람들에게 잡히고 말았다.

내용 이해
02 다음은 물고기들의 생각과 그 결과를 정리한 것입니다. 빈칸에 들어갈 알맞은 말을 쓰세요.

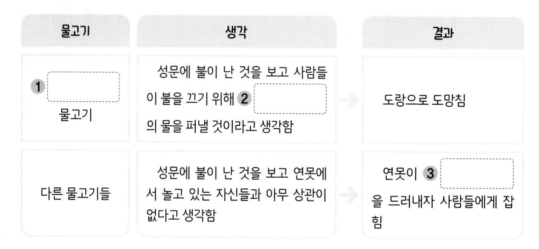

물고기	생각	결과
1 [ ] 물고기	성문에 불이 난 것을 보고 사람들이 불을 끄기 위해 2 [ ]의 물을 퍼낼 것이라고 생각함	도랑으로 도망침
다른 물고기들	성문에 불이 난 것을 보고 연못에서 놀고 있는 자신들과 아무 상관이 없다고 생각함	연못이 3 [ ]을 드러내자 사람들에게 잡힘

내용 추론
03 이 글의 내용에 대해 잘못 판단한 사람은 누구일까요? [✎   ]

① 연우: 연못과 도랑은 물길로 연결되어 있었어.
② 정원: 연못 속의 물고기들은 사람들이 먹을 수 있는 물고기야.
③ 우현: 연못의 크기가 더 작았다면 사람들은 성문의 불을 다 끄지 못했을지도 몰라.
④ 영이: 연못이 바닥을 드러냈다고 했으니 '흙탕'은 연못의 흙바닥을 가리키는 것 같아.
⑤ 지수: 다른 물고기들은 예전부터 노랑 물고기를 싫어했기 때문에 노랑 물고기의 말을 듣지 않았어.

중심 내용 쓰기
04 이 글의 중심 내용을 한 문장으로 완성해 보세요.

노랑 물고기와 같이 ✎＿＿＿＿＿＿＿ 주위의 여러 가지 일들을 살피고 깊게 생각한 후 행동하자.

01 다음 낱말의 뜻을 찾아 바르게 연결해 보세요.

1 고려하다 •

2 앞다투다 •

3 한가롭다 •

• **ㄱ** 남보다 먼저 나아가려고 애쓰다.

• **ㄴ** 바쁘지 않아 편안하고 여유가 있다.

• **ㄷ** 어떤 일을 결정하는 데에 관련된 여러 가지 사정을 자세히 따져서 생각하다.

02 제시된 뜻과 예문을 참고하여 다음 초성에 해당하는 낱말을 빈칸에 쓰세요.

1 ㅅ ㄹ : 시끄럽고 어지러운 상태

예 공공장소에서는 (   )을 피우지 않아야 한다.

2 ㅎ ㅌ : 흙이 많이 섞여 몹시 흐려진 물

예 밤새 내린 눈이 녹아 길은 질퍽질퍽한 (   )이 되었다.

3 ㅋ ㅇ ㅇ : 대수롭지 않게 여겨 '흥' 하며 비웃는 웃음

예 그의 변명에 어이가 없어 나도 모르게 (   )이 났다.

03 다음 문장에 들어갈 알맞은 낱말을 **보기**에서 찾아 쓰세요.

보기

도랑   사려   상관   성문

1 비가 많이 오면 □□이 넘쳐 건널 수 없다.

2 반장은 □□ 깊게 행동해서 친구들이 좋아한다.

05 천 살이 넘은 축구

① 축구는 사람들을 즐겁게 하고 하나로 뭉치게 한다. 그렇다면 축구는 언제부터 시작된 것일까? 축구와 비슷한 놀이인 축국은 삼국 시대부터 있었다. 1145년에 쓰인 『삼국사기』를 보면 김유신과 김춘추가 축국을 하였다는 기록이 있다. 김유신이 김춘추와 축국을 하다가 김춘추의 옷을 밟아 옷이 찢어졌다. 김유신은 김춘추를 자기 집으로 데리고 가 여동생인 문희에게 김춘추의 찢어진 옷을 꿰매게 했는데, 이 일을 계기로 김춘추와 문희는 부부가 되었다. 이후 김춘추는 신라의 29대 왕이 되었고, 김유신의 여동생은 왕비가 되었다고 한다. 이러한 기록에서도 알 수 있듯이, 발로 공을 가지고 노는 축구는 오래전부터 있었던 놀이이다.

② 축국을 할 때 사용하는 공은 돼지 오줌보에 쌀겨나 동물의 털을 넣거나 바람을 불어넣어 만들었다. 신분이 낮은 백성들은 이 공을 구하기 어려웠기 때문에 주로 신분이 높은 사람들이 축국을 했다. 또한 병사들은 몸을 강하게 만들기 위해 축국을 하며 훈련하기도 했다. 축국에는 경기장 양 끝에 구멍 여러 개를 파 놓고 공을 차서 구멍에 넣는 방법과 오늘날의 제기차기처럼 공을 발로 여러 번 차면서 땅에 떨어뜨리지 않는 방법이 있었다.

③ 발해와 통일 신라 시대에는 축국보다는 격구가 인기를 끌었다. 격구는 말에 올라타 긴 채로 공을 치는 놀이이다. 격구는 무술을 훈련하는 데 쓰이기도 했는데, 특히 전쟁에서 말을 타고 싸우는 병사에게 도움이 되어 축국보다 더 중시하였다.

④ 고려 시대에도 격구는 인기 있는 놀이였고 중요시되었다. 고려 시대에 축국에 대한 기록은 별로 없지만 고려 시대에도 사람들은 여전히 축국을 했다. 시와 문장을 잘 지었던 고려 시대의 훌륭한 문장가인 이규보의 시를 보면 공을 차다가 공에 바람이 빠지면 사람들이 모두 흩어졌다는 내용이 있다. 이처럼 고려 시대에 이르러 축국은 군사 훈련과는 점차 멀어졌으나 백성들도 즐기는 놀이가 되었던 것이다.

⑤ 축국은 조선 시대에도 있었다. 하지만 조선 시대에는 글공부는 중요하게 생각한 반면, 무술이나 몸을 사용하는 일은 중시하지 않았다. 그러다 보니 축국이 쓸모없는 것으로 여겨지면서 점차 아이들만 좋아하는 놀이가 되었고, 시간이 지나면서 아이들도 축국을 하지 않

게 되었다. 오늘날 우리가 하고 있는 방식의 축구가 우리나라에 들어온 것은 1882년경이다. 인천항에 들어온 영국 사람들이 조선 사람들에게 축구를 가르쳐 주었다고 알려져 있다. 이렇게 우리나라에 전해진 축구는 오늘날 인기 있는 운동으로 자리 잡았다.

◆ **축국**: 예전에 여러 가지 방법으로 공을 발로 차던 놀이
◆ **계기**: 어떤 일을 일으키거나 결정하게 하는 동기나 기회
◆ **신분**: 개인이 자기가 속해 있는 사회 안에서 가지고 있는 역할이나 지위
◆ **문장가**: 글을 뛰어나게 잘 짓는 사람
◆ **반면**: 뒤에 오는 말이 앞의 내용과 반대됨을 나타내는 말

≫ 글 내용 한눈에 보기 ●●●

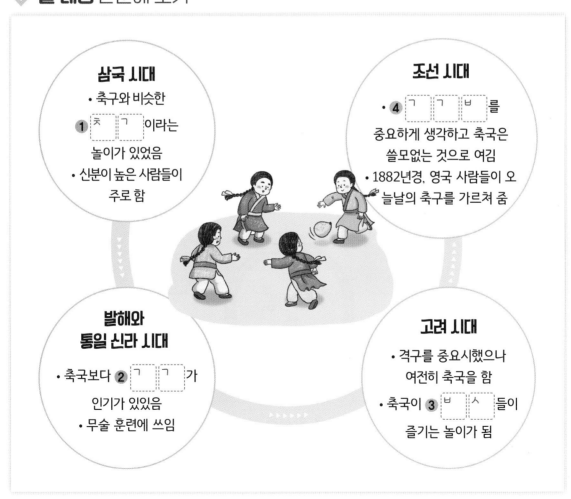

삼국 시대
• 축구와 비슷한 ❶ <u>ㅊ ㄱ</u> 이라는 놀이가 있었음
• 신분이 높은 사람들이 주로 함

조선 시대
• ❹ <u>ㄱ ㄱ ㅂ</u> 를 중요하게 생각하고 축국은 쓸모없는 것으로 여김
• 1882년경, 영국 사람들이 오늘날의 축구를 가르쳐 줌

발해와 통일 신라 시대
• 축국보다 ❷ <u>ㄱ ㄱ</u> 가 인기가 있있음
• 무술 훈련에 쓰임

고려 시대
• 격구를 중요시했으나 여전히 축국을 함
• 축국이 ❸ <u>ㅂ ㅅ</u> 들이 즐기는 놀이가 됨

내용 이해

01 이 글에 대한 설명이 맞으면 ○, 틀리면 ✕ 표시를 하세요.

1 오늘날 우리가 하고 있는 방식의 축구는 삼국 시대부터 전해 내려왔다. [○ / ✕]

2 발해와 통일 신라 시대에 인기 있던 격구는 말에 올라탄 채로 하는 놀이로, 병사들이 훈련하는 데 쓰이기도 하였다. [○ / ✕]

내용 이해

02 축국과 관련된 내용을 시대별로 정리할 때, 알맞은 것은 무엇인가요? [✎   ]

① 삼국 시대 - 주로 신분이 낮은 사람이 축국을 했다.
② 삼국 시대 - 병사들이 축국을 하며 훈련하기도 했다.
③ 발해와 통일 신라 시대 - 모든 놀이 중에서 축국이 가장 인기 있었다.
④ 고려 시대 - 축국을 하는 사람을 찾아볼 수 없었다.
⑤ 조선 시대 - 글공부보다 축국을 중요하게 생각했다.

내용 추론

03 이 글을 읽은 독자가 할 수 있는 질문으로 적절하지 <u>않은</u> 것은 무엇일까요?

[✎   ]

① 삼국 시대의 축국 경기장도 오늘날 축구 경기장처럼 컸을까?
② 격구도 긴 채로 공을 쳐서 구멍에 넣는 방법으로 놀이를 했을까?
③ 축국에도 골키퍼처럼 손으로 공을 잡을 수 있는 사람이 있었을까?
④ 오늘날 축구가 인기 있는 운동으로 자리 잡게 된 이유는 무엇일까?
⑤ 오늘날 우리가 하고 있는 방식의 축구를 전해 준 나라는 어느 나라일까?

내용 이해

04 다음 빈칸에 들어갈 알맞은 말을 쓰세요.

축국에 사용하는 공은 돼지 **1** [   ]에 쌀겨나 동물의 털을 넣어 만들거나

2 [   ]을 불어넣어 만들었다.

중심 내용 쓰기

05 이 글의 중심 내용을 한 문장으로 완성해 보세요.

발로 공을 가지고 노는 축구는 ✎_____이다.

01 다음 낱말의 뜻을 찾아 바르게 연결해 보세요.

1 신분 •

2 축국 •

3 오줌보 •

• ㄱ 예전에 여러 가지 방법으로 공을 발로 차던 놀이

• ㄴ 개인이 자기가 속해 있는 사회 안에서 가지고 있는 역할이나 지위

• ㄷ 몸속에서 오줌을 모아 두었다가 몸 밖으로 내보내는 주머니 모양의 기관인 '방광'을 일상적으로 이르는 말

02 제시된 뜻과 예문을 참고하여 다음 초성에 해당하는 낱말을 빈칸에 쓰세요.

1 ㅁ ㅈ ㄱ : 글을 뛰어나게 잘 짓는 사람

　예 김부식은 당대 최고의 (　　　　)로 알려져 있다.

2 ㅂ ㅁ : 뒤에 오는 말이 앞의 내용과 반대됨을 나타내는 말

　예 나는 미술은 못하는 (　　　　) 음악은 잘한다.

3 ㅎ ㄹ 하다: 어떤 일을 배우거나 익히기 위해 되풀이하여 연습하다.

　예 최고가 되기 위한 지름길은 반복하여 (　　　　)하는 것이다.

03 다음 문장에 들어갈 알맞은 낱말을 보기에서 찾아 쓰세요.

보기
| 계기 | 군사 | 기록 | 무술 |

1 태권도는 우리나라 고유의 전통 　　　이다.

2 그녀는 방송 출연을 　　　로 유명 인사가 되었다.

어른은 못 듣는 소리

1 피아노 건반의 개수는 총 88개이다. 건반은 오른쪽으로 갈수록 높은 소리를, 왼쪽으로 갈수록 낮은 소리를 낸다. 건반이 더 많으면 더 높은 소리와 더 낮은 소리를 낼 수 있을 텐데 왜 피아노 건반은 88개일까? 연주하기 어렵다거나 피아노의 크기가 커진다거나 하는 문제도 있겠지만 사실 가장 큰 이유는 소리에 있다.

2 사람은 너무 높은 소리나 너무 낮은 소리는 듣지 못한다. 이렇게 사람이 들을 수 있는 소리의 영역은 따로 있는데 이를 '가청 주파수'라고 한다. 소리의 높낮이는 주파수와 관련이 있다. 주파수는 소리가 1초 동안 진동한 횟수를 말하고, Hz(헤르츠)라는 단위로 나타낸다. 주파수가 높으면 높은 소리가 나고, 주파수가 낮으면 낮은 소리가 난다. 사람이 들을 수 있는 가청 주파수는 보통 20Hz부터 20,000Hz 정도까지이고, 3,000Hz 정도가 가장 잘 들린다고 한다. 피아노는 27Hz~4,200Hz의 소리를 낼 수 있다. 따라서 피아노의 건반을 더 늘린다고 해도 이는 관객이 듣기에 너무 높은 소리이거나 낮은 소리인 것이다.

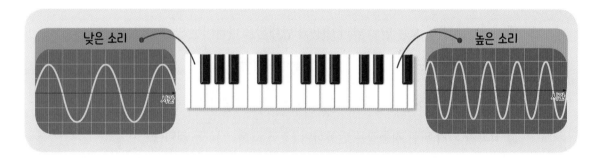

3 사람이 들을 수 있는 주파수가 정해져 있다면, 나이에 상관없이 가청 주파수가 동일할까? 이를 확인하기 위해 10대와 40대에게 20Hz부터 20,000Hz까지의 소리를 들려주는 실험을 하였다. 그랬더니 10대는 17,000Hz 이상의 소리도 들었지만, 40대는 14,000Hz 이상의 소리는 듣지 못했다. 나이에 따라 가청 주파수가 달라지는 것이다.

4 가청 주파수가 나이에 따라 달라지는 이유는 무엇일까? 사람이 소리를 듣는 과정을 먼저 살펴보자. 공기를 타고 전해진 소리는 귓바퀴에 모여 귀 안으로 들어가 고막을 떨리게 한다. 이 떨림은 세 개의 조그만 뼈를 지나 달팽이관에 도착한다. 그러면 달팽이관 안에 있는 액체와 털이 흔들리면서 청각 신경을 자극하고, 이 자극이 뇌에 전달되어 뇌가 소리를 알아낸다. 그런데 나이가 들면 이 달팽이관의 상태가 나빠져 높은 주파수의 소리를 듣지 못

하게 된다. 하지만 최근에는 나이가 어려도 높은 주파수의 소리를 잘 듣지 못하는 사람들이 늘고 있다. 이어폰으로 오랫동안 음악을 크게 듣거나 시끄러운 소리를 계속 듣게 되면 달팽이관이 망가지기 때문이다.

◆ **가청**: 들을 수 있음

◆ **진동한**: 규칙적으로 흔들리거나 움직인

◆ **귓바퀴**: 겉귀의 드러난 가장자리 부분. 밖에서 들려오는 소리를 귓구멍으로 들어가기 쉽게 함

◆ **고막**: 소리를 받아들이는 귓속의 얇은 막

◆ **달팽이관**: 속귀에 있는 달팽이 모양의 관. 가운데귀를 거쳐 온 소리의 진동을 청각 신경에 전달해 줌

◆ **청각**: 소리를 듣는 감각

◆ **신경**: 동물의 몸에서 외부의 자극을 두뇌와 신체 각 부분에 전달하고 반응을 일으키게 하는 길고 가는 실 모양의 조직체

◆ **자극하고**: 생물의 몸에 작용하여 반응을 일으키게 하고

≫ 글 내용 한눈에 보기 ●●●

1 ㄱ ㅊ ㅈ ㅍ ㅅ 의 뜻	• 사람이 들을 수 있는 소리의 영역 • 보통 20Hz부터 20,000Hz 정도까지이고, 3,000Hz 정도가 가장 잘 들림	
가청 주파수에 대한 실험	**10대** 17,000Hz 이상의 소리도 들음	**40대** 14,000Hz 이상의 소리는 듣지 못함
	→ 2 ㄴ ㅇ 에 따라 가청 주파수가 달라짐	
나이에 따라 가청 주파수가 달라지는 이유	• 나이가 들면서 3 ㄷ ㅍ ㅇ ㄱ 의 상태가 나빠지기 때문임 • 4 ㅇ ㅇ ㅍ 을 오랫동안 사용하거나 시끄러운 소리를 계속 들어도 달팽이관이 망가짐	

글을 이해해요

내용 이해

01 이 글에 대한 설명으로 알맞은 것을 골라 보세요.

1 피아노 건반은 오른쪽으로 갈수록 [낮은 / 높은] 소리를 낸다.

2 주파수가 높으면 [낮은 / 높은] 소리가 나고, 주파수가 낮으면 [낮은 / 높은] 소리가 난다.

내용 추론

02 가청 주파수에 대해 이해한 내용으로 알맞지 <u>않은</u> 것은 무엇일까요? [✎   ]

① 사람이 들을 수 있는 주파수를 의미하는군.
② 10대는 보통 17,000Hz 이상의 소리도 들을 수 있군.
③ 나이가 같더라도 사람에 따라 가청 주파수가 다를 수 있군.
④ 사람은 보통 20Hz에서 20,000Hz 사이의 소리를 들을 수 있군.
⑤ 높은 주파수의 소리를 잘 들으려면 평소에 소리를 크게 듣는 것이 좋겠군.

내용 이해

03 다음은 사람이 소리를 듣는 과정을 정리한 것입니다. 빈칸에 들어갈 알맞은 말을 쓰세요.

소리가 귓바퀴에 모여 귀 안으로 들어가 **1** [   ] 을 떨리게 함

⬇

이 떨림은 세 개의 조그만 뼈를 지나 **2** [   ] 에 도착함

⬇

달팽이관 안에 있는 액체와 털이 흔들리면서 **3** [   ] 신경을 자극함

⬇

이 자극이 뇌에 전달되어 뇌가 소리를 알아냄

중심 내용 쓰기

04 이 글의 중심 내용을 한 문장으로 완성해 보세요.

나이가 들면 ✎ [   ] 의 상태가 나빠지므로, 나이에 따라 ✎ [   ] 가 달라진다.

01 다음 낱말의 뜻을 찾아 바르게 연결해 보세요.

1 가청	•	• ㄱ 들을 수 있음
2 신경	•	• ㄴ 속귀에 있는 달팽이 모양의 관
3 달팽이관	•	• ㄷ 동물의 몸에서 외부의 자극을 두뇌와 신체 각 부분에 전달하고 반응을 일으키게 하는 길고 가는 실 모양의 조직체

02 제시된 뜻과 예문을 참고하여 다음 초성에 해당하는 낱말을 빈칸에 쓰세요.

1 ㄱ ㅂ ㅋ : 겉귀의 드러난 가장자리 부분

예 (　　　　　)는 들려오는 소리를 귓구멍으로 모으는 역할을 한다.

2 ㅈ ㄷ 하다: 규칙적으로 흔들리거나 움직이다.

예 나팔은 관 속의 공기가 (　　　　　)하여 소리가 난다.

3 ㅈ ㄱ 하다: 생물의 몸에 작용하여 반응을 일으키게 하다.

예 두피를 (　　　　　)하면 혈액 순환에 도움이 된다.

03 다음 문장에 들어갈 알맞은 낱말을 보기 에서 찾아 쓰세요.

보기			
건반	고막	영역	청각

1 천둥소리가 [　][　]이 먹먹해질 만큼 크게 울렸다.

2 눈을 감으면 [　][　]이 예민해져 작은 소리도 들을 수 있다.

도자기를 만드는 과정

1 고려 시대의 청자, 조선 시대의 백자와 같이 우리 조상들은 예로부터 도자기를 만들어 사용하였다. 도자기는 흙으로 빚어서 말리고 높은 열에 구워서 만든 그릇을 뜻하는데, 이러한 도자기를 만드는 일을 '도자기 공예'라고 하며 줄여서 '도예'라고 한다. 그렇다면 도자기는 어떠한 과정으로 만들어지는지 알아보자.

2 도자기를 만들기 위해서는 먼저 도자기의 재료가 되는 점토를 만든다. 점토의 미세한 차이가 도자기의 질과 아름다움에 큰 영향을 미친다. 따라서 자연에서 채취한 흙은 불순물을 제거하기 위해 곱게 갈고 물에 풀어 채에 거르는 과정을 거친다. 물에 가라앉은 점토를 다시 햇빛에 말렸다가 물에 담그기를 반복하면 고운 점토를 얻을 수 있다. 이렇게 얻은 점토는 치고 밟아 입자를 한층 더 균일하게 하고 점토 속의 기포를 제거한다. 이 과정에서 점토는 가소성이 생기는데, 가소성이란 형태를 만들었을 때 유지되는 성질을 말한다.

3 점토가 마련되면 다음에는 도자기의 형태를 만든다. 도자기의 형태를 만드는 방법으로는 흙가래 쌓기, 물레 이용하기, 틀 이용하기, 판 붙이기 등 다양하지만 일반적으로 물레를 이용한 방법이 가장 널리 쓰인다. 물레는 도자기의 형태를 만들 때 쓰는 도구로, 보통 축의 아래와 위에 넓고 둥근 널빤지를 대어 만드는데 아래 판을 발로 돌리면 위 판도 함께 돌아 그 회전력을 이용하여 도자기를 빚는다. 물레를 돌릴 때에는 손과 발을 잘 이용해야 한다. 손으로는 점토에 가하는 힘을 조절하고 발로는 물레가 돌아가는 속도를 조절하는데, 손의 힘이나 물레의 속도를 조절하지 못하면 도자기의 모양이 일그러질 수 있으므로 주의해야 한다.

4 도자기의 형태를 만든 다음에는 이를 건조한다. 도자기를 햇빛에서 급히 말리게 되면 갈라지거나 깨질 수 있으므로 그늘에서 천천히 말려야 한다. 도자기의 겉면이 건조된 것처럼 보이더라도 보이지 않는 안쪽 면이나 점토 내부는 충분히 건조되지 않은 상태일 수 있다. 따라서 도자기를 가마에 넣어 굽기 전에 충분한 건조 시간을 가져야 한다.

5 건조를 마친 다음에는 마지막으로 도자기를 가마에 넣어 굽는다. 도자기는 일반적으로 두 번 굽는다. 도자기를 처음 굽는 일을 '초벌구이'라고 하고, 초벌구이된 도자기에 유약을 발라 다시 굽는 일을 '재벌구이'라고 한다. 이때 유약은 도자기의 겉면을 매끄럽고 단단하게 해 주는 역할을 한다.

6 앞서 살펴본 바와 같이 도자기를 만드는 과정은 흙을 채취하여 점토를 만들고, 이것으로 도자기의 형태를 만들어 충분히 건조한 후 초벌구이와 유약 바르기, 재벌구이를 거쳐 이루어진다. 이 과정에서 점토, 불, 유약의 3요소가 조화를 이루어야 완성도 높은 도자기를 만들 수 있다.

◆ **미세한:** 알아보기 어려울 정도로 매우 가늘고 작은
◆ **채취한:** 자연에서 무엇을 줍거나 캐거나 따거나 하여 거두어들인
◆ **불순물:** 순수한 물질 속에 섞인, 성질이 다른 바람직하지 못한 물질
◆ **균일하게:** 여럿의 정도나 크기 따위가 모두 차이가 없이 같게
◆ **기포:** 액체나 고체 속에 들어 있는 기체가 작은 방울 모양을 이룬 것
◆ **일그러질:** 모양이 찌그러져서 비뚤어질
◆ **가마:** 숯이나 도자기·기와·벽돌 따위를 구워 만드는 시설

❤ **글 내용** 한눈에 보기 ●●●

도자기를 만드는 일을 도자기 공예, 줄여서 **①** ㄷ ㅇ 라고 함

도자기의 재료가 되는 **②** ㅈ ㅌ 를 만듦 → 점토로 도자기의 **③** ㅎ ㅌ 를 만듦 → 형태를 만든 도자기를 **④** ㄱ ㅈ 함 → 건조된 도자기를 **⑤** ㄱ ㅁ 에 넣어 구움

점토, **⑥** ㅂ , 유약의 3요소가 조화를 이루어야 완성도 높은 도자기를 만들 수 있음

내용 이해

01 이 글에 대한 설명으로 알맞은 것을 골라 보세요.

1 우리 조상들은 고려 시대에 [백자 / 청자], 조선 시대에 [백자 / 청자]를 만들어 사용하였다.

2 물레는 보통 아래 판을 [발로 / 손으로] 돌리면 위 판도 함께 돌아가 그 회전력을 이용하여 도자기를 빚는다.

내용 이해

02 도자기를 만드는 과정에 맞게 차례대로 기호를 쓰세요.

> ㄱ 형태를 만든 도자기를 그늘에서 충분히 건조함
> ㄴ 건조한 도자기를 초벌구이한 후 유약을 발라 재벌구이함
> ㄷ 점토가 마련되면 물레를 이용하여 도자기의 형태를 만듦
> ㄹ 불순물을 제거하여 얻은 점토를 치고 밟아 입자를 균일하게 하고 기포를 제거함

☐ ➡ ☐ ➡ ☐ ➡ ☐

내용 추론

03 도자기를 굽는 과정에서 초벌구이된 도자기에 유약을 바르는 이유로 알맞은 것은 무엇일까요? [✎   ]

① 흙에 섞여 있는 불순물을 제거하기 위해
② 도자기의 겉면을 매끄럽고 단단하게 하기 위해
③ 도자기의 모양이 일그러지지 않도록 하기 위해
④ 점토의 입자를 균일하게 하고 기포를 제거하기 위해
⑤ 도자기 안쪽 면이나 점토 내부까지 충분히 건조하기 위해

중심 내용 쓰기

04 이 글의 중심 내용을 한 문장으로 완성해 보세요.

> 흙을 채취하여 ✎＿＿＿＿＿를 만들고, 이것으로 도자기의 ✎＿＿＿＿＿를 만들어 ✎＿＿＿＿＿한 후 가마에 넣고 ✎＿＿＿＿＿ 과정을 거쳐 도자기가 만들어진다.

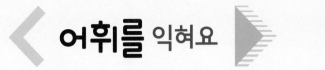
01 다음 낱말의 뜻을 찾아 바르게 연결해 보세요.

1 균일하다 •

2 채취하다 •

3 일그러지다 •

• **㉠** 모양이 찌그러져서 비뚤어지다.

• **㉡** 여럿의 정도나 크기 따위가 모두 차이가 없이 같다.

• **㉢** 자연에서 무엇을 줍거나 캐거나 따거나 하여 거두어들이다.

02 제시된 뜻과 예문을 참고하여 다음 초성에 해당하는 낱말을 빈칸에 쓰세요.

1 ㅇ ㅈ : 물질을 구성하는 미세한 크기의 물체

예 강의 하류에서는 (　　　　　)가 고운 모래나 둥글둥글한 자갈을 보기가 쉽다.

2 ㄱ ㅍ : 액체나 고체 속에 들어 있는 기체가 작은 방울 모양을 이룬것

예 탄산음료를 잔에 따르자 하얀 (　　　　　)가 일었다.

3 ㅂ ㅅ ㅁ : 순수한 물질 속에 섞인, 성질이 다른 바람직하지 못한 물질

예 수도꼭지에 필터가 장착되어 있어 녹물이나 (　　　　　)을 걸러 낸다.

03 다음 문장에 들어갈 알맞은 낱말을 **보기** 에서 찾아 쓰세요.

보기

가마　　　유약　　　미세하다　　　조절하다

1 ⬚⬚ 한 분말을 현미경으로 관찰하였다.

2 도자기를 구울 때 ⬚⬚ 속 온도는 1,300도까지 올라간다.

초등학생의 휴대 전화 사용은 바람직한가

1 지민(사회자): 오늘은 '초등학생의 휴대 전화 사용은 바람직한가?'라는 논제로 토론을 해 보겠습니다. 이 논제는 지난 학급 회의에서 제안된 여러 논제 중 다수결에 따라 결정하였습니다. 토론 형식은 찬반 토론으로 진행하겠습니다. 논제에 대한 찬성 측과 반대 측의 의견을 들은 후, 판정을 하기 전에 청중의 의견도 들어 보겠습니다. 그럼 먼저 찬성 측의 의견을 듣겠습니다.

2 준희: 초등학생의 휴대 전화 사용은 바람직합니다. 부모님과 연락하기 위해 휴대 전화가 필요하기 때문입니다. 중요한 일이나 위급한 일이 생겼을 때 바로 부모님께 알리려면 휴대 전화가 있어야 합니다. 또한 휴대 전화가 있으면 사고나 범죄를 당하거나 목격했을 때 병원이나 경찰에 연락할 수도 있습니다. 이는 초등학생의 안전과도 관련이 있습니다.

지민: 찬성 측의 발언 잘 들었습니다. 찬성 측에서는 부모님과 빠른 연락을 위해 휴대 전화가 필요하다고 했습니다. 다음으로 반대 측의 의견을 들어 보겠습니다.

3 수경: 초등학생의 휴대 전화 사용은 바람직하지 않다고 생각합니다. 휴대 전화는 초등학생의 건강에 유해하기 때문입니다. 초등학생은 아직 통제력이 부족하기 때문에 휴대 전화를 지나치게 많이 사용할 수 있습니다. 지나친 휴대 전화 사용은 눈이나 목 등에 무리를 주게 됩니다. 또한 걸어 다니면서 휴대 전화를 사용하기도 하는데, 이는 안전상 매우 위험한 행동입니다.

지민: 네. 반대 측의 발언 잘 들었습니다. 반대 측에서는 휴대 전화가 초등학생의 건강에 유해하다고 했습니다. 그럼 이번에는 청중의 의견을 들어 보겠습니다.

4 예성: (갑자기 자리에서 일어나며 큰 소리로) 휴대 전화는 친구들과 소통하는 데 방해가 되므로 초등학생의 휴대 전화 사용에 반대합니다. 친구와 함께 있을 때도 휴대 전화로 게임을 하거나 다른 친구와 메신저를 하느라 정작 바로 옆에 있는 친구와 얘기하지 않는 경우도 있습니다. 초등학생 때는 친구들과 직접 이야기하고 뛰놀면서 소통하는 것이 중요합니다.

지민: 네. 휴대 전화가 친구들과의 직접적인 소통에 방해가 된다는 의견이었습니다. 다만 의견을 말할 때에는 발언권을 얻은 후에 말씀해 주시길 바랍니다.

5 현화: (손을 들어 발언권을 얻은 후에) 휴대 전화는 학습에 도움이 되므로 초등학생의 휴대 전화 사용에 찬성합니다. 저는 궁금한 것이 있으면 휴대 전화를 이용하여 찾아봅니

다. 또한 휴대 전화를 통해 책도 볼 수 있고, 여러 가지 학습을 할 수도 있습니다. 휴대 전화를 지나치게 많이 사용할 경우 해가 될 수 있지만, 시간을 정해서 적당히 사용하면 유익한 점이 훨씬 많습니다.

지민: 휴대 전화가 학습에 도움이 된다는 의견이었습니다. 양측의 발언과 이에 대한 청중의 의견까지 잘 들었습니다. 그럼 찬반 토론에 대한 판정을 위해 투표를 실시하겠습니다.

◆ **논제:** 토론이나 논의의 주제
◆ **다수결:** 다수의 찬성이나 반대에 따라 어떤 일을 하거나 안 하기로 결정하는 일
◆ **판정:** 관련된 여러 사실을 따져서 결정하는 것
◆ **청중:** 토론이나 강연, 음악 따위를 듣기 위해 모인 사람들
◆ **위급한:** 일의 상황이나 상태가 아주 위험하고 급한
◆ **통제력:** 일정한 방침이나 목적에 따라 행위를 제한하거나 제약하는 힘
◆ **발언권:** 회의나 토론 따위에서 자기의 의견을 말할 수 있는 권리

⟱ 글 내용 한눈에 보기 ●●●

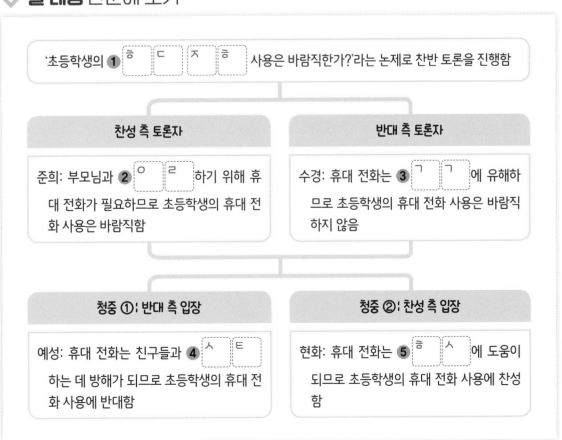

'초등학생의 ❶ [ㅎ][ㄷ][ㅈ][ㅎ] 사용은 바람직한가?'라는 논제로 찬반 토론을 진행함

찬성 측 토론자	반대 측 토론자
준희: 부모님과 ❷ [ㅇ][ㄹ]하기 위해 휴대 전화가 필요하므로 초등학생의 휴대 전화 사용은 바람직함	수경: 휴대 전화는 ❸ [ㄱ][ㄱ]에 유해하므로 초등학생의 휴대 전화 사용은 바람직하지 않음

청중 ①: 반대 측 입장	청중 ②: 찬성 측 입장
예성: 휴대 전화는 친구들과 ❹ [ㅅ][ㅌ]하는 데 방해가 되므로 초등학생의 휴대 전화 사용에 반대함	현화: 휴대 전화는 ❺ [ㅎ][ㅅ]에 도움이 되므로 초등학생의 휴대 전화 사용에 찬성함

글을 이해해요

내용 이해
01 이 토론에 대한 설명이 맞으면 ○, 틀리면 ✕ 표시를 하세요.

1 사회자는 토론을 진행하며 양측의 의견을 정리하였다. [○ / ✕]

2 토론에 참여한 모든 사람은 사회자에게 발언권을 얻은 후에 자기 의견을 말하였다.

[○ / ✕]

내용 추론
02 이 토론을 이해한 내용으로 알맞지 <u>않은</u> 것은 무엇일까요?

① 토론의 논제는 사회자가 정하였군.
② 찬반 토론의 결과는 투표로 결정하겠군.
③ 청중도 논제와 관련하여 자기 의견을 말하였군.
④ 양측의 토론자는 주장과 함께 타당한 근거를 제시하였군.
⑤ 양측의 토론자는 초등학생의 휴대 전화 사용에 대한 입장에 따라 나뉘었군.

내용 추론
03 찬성 측과 반대 측에서 제시할 수 있는 근거로 알맞은 것은 무엇일까요?

[✎]

① **찬성 측**: 비싼 휴대 전화를 가지고 다니다가 잃어버릴 수 있다.
② **찬성 측**: 휴대 전화의 다양한 기능을 편리하게 이용할 수 있다.
③ **찬성 측**: 휴대 전화를 지나치게 사용하면 요금이 많이 나올 수 있다.
④ **반대 측**: 초등학생의 스트레스 해소에 도움을 줄 수 있다.
⑤ **반대 측**: 어릴 때부터 디지털 미디어 환경에 익숙해질 수 있다.

중심 내용 쓰기
04 이 글의 중심 내용을 한 문장으로 완성해 보세요.

'✎＿＿＿＿＿＿＿＿＿＿＿＿＿＿＿＿＿＿＿'라는 논제에 대해 ✎＿＿＿＿＿＿
＿＿＿＿＿＿＿＿ 위해 필요하며 학습에 도움이 되므로 찬성하는 입장과, 휴대 전화가
건강에 유해하며 ✎＿＿＿＿＿＿＿＿＿＿＿＿＿ 데 방해가 되므로 반대하는 입장이
있다.

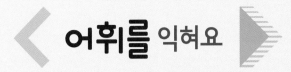

정답과 해설 21쪽

01 다음 낱말의 뜻을 찾아 바르게 연결해 보세요.

1 청중 •
2 판정 •
3 발언권 •

• ㄱ 관련된 여러 사실을 따져서 결정하는 것

• ㄴ 토론이나 강연, 음악 따위를 듣기 위해 모인 사람들

• ㄷ 회의나 토론 따위에서 자기의 의견을 말할 수 있는 권리

02 제시된 뜻과 예문을 참고하여 다음 초성에 해당하는 낱말을 빈칸에 쓰세요.

1 ⌈ㅇ⌉⌈ㅎ⌉하다: 해로움이 있다.

예 항생제는 우리 몸에 들어와 건강에 (   )한 세균들을 없앤다.

2 ⌈ㅇ⌉⌈ㅇ⌉하다: 도움이 되고 이롭다.

예 할아버지께서 들려주시는 옛날이야기는 재미있고 (   )했다.

3 ⌈ㅇ⌉⌈ㄱ⌉하다: 일의 상황이나 상태가 아주 위험하고 급하다.

예 그는 적절한 응급 처치로 (   )한 환자의 생명을 구했다.

03 다음 문장에 들어갈 알맞은 낱말을 보기 에서 찾아 쓰세요.

보기

논제   의견   다수결   통제력

1 민주주의는 ⌈ ⌉⌈ ⌉⌈ ⌉의 원리를 중요시한다.

2 환경 오염이 국제 사회의 핵심 ⌈ ⌉⌈ ⌉로 떠오르고 있다.

3 꿈을 이루기 위해서는 적절한 자기 ⌈ ⌉⌈ ⌉⌈ ⌉이 필요하다.

너는 무슨 형이야?

1 부모와 자식은 닮은 경우가 많다. 어머니와 아버지의 유전 정보가 자식에게 그대로 전해지기 때문이다. 부모가 가진 성격이나 체질, 외모 등의 유전 정보는 유전자에 담겨 부모에게서 자식에게로 전해진다. 혈액형 역시 부모에게서 전해지는 유전 정보 중 하나이다. 혈액형은 에이비오(ABO)식 혈액형이 널리 알려져 있고, 에이비오식에 따라 네 가지 혈액형으로 구분한다. 에이비오식 혈액형에서 전해지는 혈액형 유전자는 A, B, O의 세 가지이고, 자식은 부모에게서 각각 하나씩을 물려받게 된다. 물려받은 혈액형 유전자의 조합에 따라 A, B, AB, O의 네 가지 혈액형이 나온다.

2 혈액형 유전자는 A, B, O의 세 가지인데, 그 조합의 결과는 A, B, AB, O로 왜 네 가지일까? 좀 더 깊이 들여다보자. 우리가 A형이라고 부르는 혈액형은 AA 혹은 AO를 말한다. B형도 마찬가지로 BB 혹은 BO가 있다. 부모에게서 하나씩 받은 것을 모두 표시했을 때 말이다. 이때 유전자 A와 B는 유전자 O보다 두드러지게 드러나는 성질이 있다. 그래서 A와 O가 만나면 AO이지만 두드러지는 성질에 따라서 A형이 된다. 마찬가지로 B와 O가 만나면 BO이지만 B형이 된다. A와 A가 만나면 AA가 되어 A형, B와 B가 만나면 BB가 되어 B형, O와 O가 만나면 OO가 되어 O형이 된다. 마지막으로 A와 B가 만나면 AB가 되어 AB형이 된다.

3 예를 들어, 진아의 아버지는 A형 중에서 AO, 진아의 어머니는 B형 중에서 BO라고 하자. 그러면 진아의 혈액형은 무엇일까? 진아의 아버지는 진아에게 A 또는 O를 전해 줄 수 있다. 진아의 어머니는 진아에게 B 또는 O를 전해 줄 수 있다. 아버지의 A와 어머니의 B가 만나면 진아는 AB형이 된다. 아버지의 A와 어머니의 O가 만나면 AO가 되어 진아는 A형이 된다. 아버지의 O와 어머니의 B가 만나면 BO로 진아는 B형이 된다. 그리고 아버지의 O와 어머니의 O가 만나면 진아는 O형이 된다.

4 혈액형은 에이비오식 혈액형 말고도 아르에이치(Rh)식 혈액형으로도 나눈다. 우리가 보통 A형, B형, AB형, O형이라고 말하는 것은 아르에이치식으로 분류할 때 아르에이치 양성인 경우로 Rh+ 혈액형인 경우이다. 아르에이치 음성인 Rh- 혈액형은 에이비오식 혈액형 앞에 Rh- 표시를 하여 구분한다. 우리나라 사람의 대부분은 Rh+ 혈액형이고, Rh- 혈액형은 매우 드물다.

⑤ 이처럼 사람마다 다른 혈액형을 알아 두어야 하는 이유는 무엇일까? 우리가 사고를 당했거나 수술을 한다고 생각해 보자. 피를 너무 많이 흘려 생명이 위험해질 수 있다. 이럴 때 건강한 사람의 피를 혈관에 직접 넣어 부족해진 혈액을 채워 주면 생명을 살릴 수 있다. 이때 같은 혈액형의 피를 넣지 않으면 몸에 이상이 생길 수 있으므로 자신의 혈액형을 아는 일은 매우 중요하다. 한편 만 16~69세의 건강한 사람이라면 간단한 검사 후에 피를 기부할 수 있다. 이를 '헌혈'이라고 하는데, 일 년에 다섯 번 정도까지 가능하다. 피를 뽑는 것만으로도 우리는 다른 사람의 생명을 살릴 수 있는 것이다.

◆ **유전**: 신체적·정신적 특징이 다음 세대에 전달되어 나타나는 현상
◆ **체질**: 태어나면서부터 지니고 있는 몸의 성질
◆ **유전자**: 자손에게 물려줄 유전의 내용을 담고 있는 물질
◆ **물려받게**: (가족이나 사회관계에서 앞의 사람이나 세대에게서) 뒤를 이어 전하여 받게
◆ **조합**: 서로 다른 여럿을 모아 한 덩어리가 되게 하는 것
◆ **혈관**: 피가 흐르는 몸속의 관
◆ **기부할**: 많은 사람에게 도움이 되는 일에 돈이나 재산 등을 내어 줄
◆ **헌혈**: 다른 사람을 위해 자기 피를 뽑아 주는 것

≫ 글 내용 한눈에 보기 •••

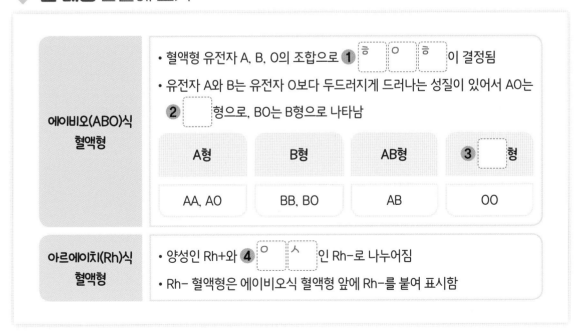

에이비오(ABO)식 혈액형	• 혈액형 유전자 A, B, O의 조합으로 ❶ [ㅎ][ㅇ][ㅎ]이 결정됨 • 유전자 A와 B는 유전자 O보다 두드러지게 드러나는 성질이 있어서 AO는 ❷ [ ]형으로, BO는 B형으로 나타남			
	A형	**B형**	**AB형**	❸ [ ]형
	AA, AO	BB, BO	AB	OO
아르에이치(Rh)식 혈액형	• 양성인 Rh+와 ❹ [ㅇ][ㅅ]인 Rh-로 나누어짐 • Rh- 혈액형은 에이비오식 혈액형 앞에 Rh-를 붙여 표시함			

내용 이해
01 이 글에 대한 설명으로 알맞은 것을 골라 보세요.

1 에이비오식 혈액형 유전자는 [A, B, O / A, B, AB, O]로 구분한다.

2 피를 너무 많이 흘려 생명이 위험할 경우 [같은 / 다른] 혈액형의 피를 넣어 부족해진 혈액을 채워 주면 생명을 살릴 수 있다.

내용 이해
02 이 글을 읽고 알 수 있는 내용이 <u>아닌</u> 것은 무엇인가요?

① 초등학생 때부터 꾸준히 헌혈해야 한다.
② 혈액형은 부모에게서 자식으로 유전된다.
③ 부모와 자식의 혈액형이 서로 다를 수도 있다.
④ 혈액형은 에이비오식과 아르에이치식으로 나눌 수 있다.
⑤ 같은 혈액형이어도 혈액형 유전자의 조합이 다를 수 있다.

내용 추론
03 다음은 AB형 아빠와 B형 엄마 사이에서 태어날 수 있는 아이의 혈액형을 정리한 것입니다. 빈칸에 들어갈 알맞은 말을 쓰세요. (단, 혈액형 유전자의 조합을 밝히어 쓰세요.)

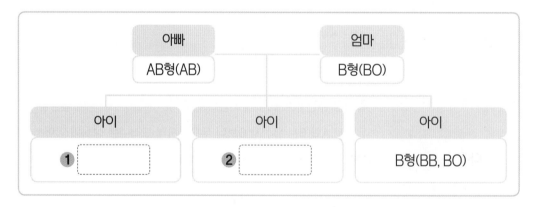

중심 내용 쓰기
04 이 글의 중심 내용을 한 문장으로 완성해 보세요.

에이비오식 혈액형에서 혈액형 유전자는 ✎_____의 세 가지이고, 혈액형 유전자의 조합에 따라 ✎_____의 네 가지 혈액형이 나온다.

어휘를 익혀요

정답과 해설 23쪽

01 다음 낱말의 뜻을 찾아 바르게 연결해 보세요.

1 유전 •

2 체질 •

3 혈관 •

• ㄱ 피가 흐르는 몸속의 관

• ㄴ 태어나면서부터 지니고 있는 몸의 성질

• ㄷ 신체적·정신적 특징이 다음 세대에 전달되어 나타나는 현상

02 제시된 뜻과 예문을 참고하여 다음 초성에 해당하는 낱말을 빈칸에 쓰세요.

1 ㅎ ㅎ : 다른 사람을 위해 자기 피를 뽑아 주는 것

예 우리는 (   )을 통해 다른 사람의 생명을 살리는 데 도움을 줄 수 있다.

2 ㄱ ㅂ 하다: 많은 사람에게 도움이 되는 일에 돈이나 재산 등을 내어 주다.

예 그는 평생 모은 돈을 좋은 일에 써 달라며 (   )하였다.

3 ㅁ ㄹ ㅂ 다: (가족이나 사회관계에서 앞의 사람이나 세대에게서) 뒤를 이어 전하여 받다.

예 조상으로부터 (   )은 소중한 우리 문화를 잘 가꾸어 나가자.

03 다음 문장에 들어갈 알맞은 낱말을 보기 에서 찾아 쓰세요.

보기

성격   조합   유전자   혈액형

1 한글은 자음과 모음의 [   ][   ]으로 글자를 만든다.

2 [   ][   ][   ]의 조작으로 농산물의 생산량을 늘리기도 한다.

계절마다 변해요

① 우리나라의 기후는 봄, 여름, 가을, 겨울에 따라 변화가 크고, 지역에 따라서도 조금씩 다르다. 계절에 따라 기온과 강수량의 차이가 생기는 이유는 우리나라의 위치와 관계가 깊다. 지구는 약간 비스듬한 상태로 태양의 주위를 돈다. 지구가 태양 주위를 돌 때, 태양 빛을 많이 받는 위치에 있으면 기온이 높고, 태양 빛을 적게 받는 위치에 있으면 기온이 낮다. 따라서 우리나라가 태양 빛을 많이 받는 위치에 있을 때가 여름이고, 태양 빛을 덜 받는 위치에 있을 때는 겨울이다.

② 우리나라는 가장 더운 적도 지역과 가장 추운 북극 지역 사이에 있다. 그래서 우리나라의 기후는 주변에 있는 여러 공기 덩어리의 영향을 받는다. 겨울에는 북서쪽의 춥고 건조한 공기 덩어리가 몰려오고, 여름에는 남동쪽의 덥고 습한 공기 덩어리가 몰려온다. 그래서 우리나라는 여름과 겨울의 기온 차이가 무척 크다.

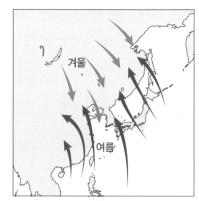

③ 우리나라는 계절에 따라 강수량도 차이가 난다. 덥고 습한 공기 덩어리 때문에 여름에 비가 많이 내린다. 그래서 6월부터 10월까지의 강수량이 일 년 동안의 강수량 중에서 반 이상을 차지한다. 또한 여름철에는 여러 날 계속해서 비가 내리는 장마가 오기도 한다. 반대로 춥고 건조한 공기 덩어리의 영향을 받는 겨울에는 강수량이 적다.

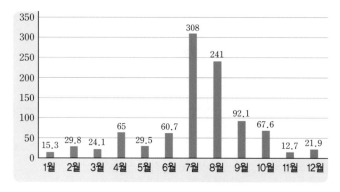

▲ 우리나라의 연간 강수량(단위: mm)

④ 우리나라는 다른 나라에 비해 나라의 크기가 큰 편은 아니다. 하지만 남북으로 길게 뻗어 있어 남쪽과 북쪽의 기온 차이가 크다. 남쪽으로 갈수록 기온이 높아지고, 북쪽으로

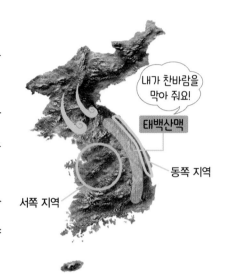

갈수록 기온이 낮아진다. 남쪽과 북쪽 간의 기온 차이보다는 작지만 우리나라의 동쪽과 서쪽 간에도 기온 차이가 있다. 겨울철에는 태백산맥이 북서쪽에서 불어오는 차가운 바람을 막아 주어 동쪽 지역이 서쪽 지역보다 조금 더 따뜻하다. 지역에 따라 강수량에도 차이가 있다. 북쪽에서 남쪽으로 갈수록 강수량이 많아지고, 남해안과 동해안처럼 바닷가 지역이 내륙 지역에 비해 강수량이 많다.

◆ **기후**: 어떤 지역에 여러 해 동안 나타난 비, 구름, 바람, 기온 등의 평균 상태
◆ **기온**: 공기의 차고 뜨거운 정도를 숫자로 나타낸 것
◆ **강수량**: 일정 기간 동안 일정한 곳에 비나 눈의 형태로 떨어지는 물의 양
◆ **적도**: 지구 표면에서 해가 가장 뜨겁게 내리쬐는 지대의 중심이 되는 선
◆ **내륙**: 바다에서 멀리 떨어진 육지

≫ 글 내용 한눈에 보기 •••

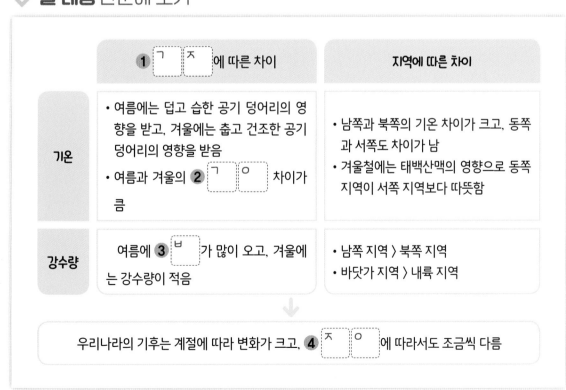

글을 이해해요

내용 이해

01 이 글에 대한 설명이 맞으면 ○, 틀리면 ✕ 표시를 하세요.

1 지구는 비스듬하게 기울어진 상태로 태양 주위를 돈다. [○ / ✕]

2 겨울철에는 태백산맥이 남동쪽에서 불어오는 차가운 바람을 막아 주어 서쪽 지역이 동쪽 지역보다 따뜻하다. [○ / ✕]

내용 이해

02 이 글을 읽고 서로 관련 있는 것끼리 연결하세요.

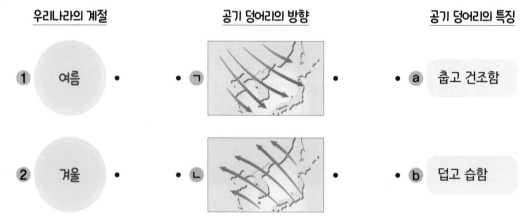

우리나라의 계절   공기 덩어리의 방향   공기 덩어리의 특징

1 여름 •   • ㄱ   •   • ⓐ 춥고 건조함

2 겨울 •   • ㄴ   •   • ⓑ 덥고 습함

내용 추론

03 우리나라의 강수량에 대해 이해한 내용으로 알맞은 것은 무엇일까요? [✎   ]

① 겨울보다 여름에 강수량이 많군.
② 일 년 열두 달의 강수량이 비슷하군.
③ 북쪽 지역이 남쪽 지역보다 강수량이 많군.
④ 내륙 지역이 바닷가 지역보다 강수량이 많군.
⑤ 1~6월까지의 강수량이 일 년 동안의 강수량 중 반을 차지하는군.

중심 내용 쓰기

04 이 글의 중심 내용을 한 문장으로 완성해 보세요.

우리나라의 기후는 ✎ _____에 따라 변화가 크고,
✎ _____에 따라서도 조금씩 다르다.

01 다음 낱말의 뜻을 찾아 바르게 연결해 보세요.

❶ 기후 ・

❷ 적도 ・

❸ 강수량 ・

・ ㉠ 일정 기간 동안 일정한 곳에 비나 눈의 형태로 떨어지는 물의 양

・ ㉡ 지구 표면에서 해가 가장 뜨겁게 내리쬐는 지대의 중심이 되는 선

・ ㉢ 어떤 지역에 여러 해 동안 나타난 비, 구름, 바람, 기온 등의 평균 상태

02 제시된 뜻과 예문을 참고하여 다음 초성에 해당하는 낱말을 빈칸에 쓰세요.

❶ [ㅅ] 하다: 물기가 많아 축축하다.

　예 비가 많이 오는 날에는 (　　　　　)한 공기 때문에 마음까지 가라앉는다.

❷ [ㄱ][ㅈ] 하다: 말라서 물기가 없다.

　예 (　　　　　)한 봄에는 산불을 조심해야 한다.

❸ [ㄱ][ㅇ] : 공기의 차고 뜨거운 정도를 숫자로 나타낸 것

　예 지구의 (　　　　　)이 높아지는 현상을 지구 온난화라고 한다.

03 다음 문장에 들어갈 알맞은 낱말을 보기 에서 찾아 쓰세요.

> **보기**
>
> 내륙　　　북극　　　여름　　　장마

❶ 큰 강은 옛날부터 [　　　] 지방의 중요한 교통로 역할을 하였다.

❷ 긴 [　　　] 때문에 지하 시설물이 물에 잠기는 피해가 잇따르고 있다.

개미와 꿀벌, 이렇게 산다

1 인간은 오래전부터 여럿이 모여 무리를 지어 생활해 왔다. 여러 개체가 모여 살기 위해서는 서로의 생각을 주고받는 의사소통이 필수적이다. 그런데 곤충 중에서도 의사소통을 하는 종이 있다고 한다. 과연 어떤 곤충이 어떤 방법으로 의사소통을 할까?

2 이솝 우화 「개미와 베짱이」의 개미는 먹을거리를 모아 두고 겨울에 걱정 없이 지낸다. 실제로도 개미는 개미 사회의 우두머리인 여왕개미를 중심으로 무리를 지어 먹이를 모으고 각자 맡은 일을 부지런히 한다. 이렇게 열심히 일하는 일개미는 모두 암개미로, 여왕개미가 낳은 알과 애벌레를 돌본다. 일개미는 먹이를 찾고 나르는 일도 한다. 집을 짓고 고치는 일을 하거나 집을 지키는 일을 하는 일개미도 있다. 여왕개미는 평생 알을 낳으며 개미의 수를 늘린다. 여왕개미가 낳은 암개미는 일개미가 되어 열심히 일을 하고 수개미는 또 다른 여왕개미와 짝짓기를 한다. 이러한 분업을 통해 개미는 지구상에 오랫동안 살아남아 왔다.

3 개미는 여럿이 함께 일하기에 다양한 방법으로 서로의 생각을 전한다. 개미는 주로 페로몬과 소리를 이용하는데, 페로몬은 동물, 특히 곤충이 내뿜는 물질로 같은 종류의 곤충에게 어떤 행동을 하게 한다. 개미는 여러 종류의 페로몬을 내뿜어 다른 개미에게 먹이가 있다는 것을 알리기도 하고, 자신들의 영역을 표시하기도 한다. 침입하려는 다른 곤충을 발견했을 때에는 다른 개미에게 위험을 알리기도 한다. 또한 개미는 몸을 긁어서 내는 소리로도 생각을 전달한다. 이 소리는 굉장히 작아서 사람에게는 거의 들리지 않는다.

4 꿀벌도 개미처럼 무리를 지어 살며 분업을 한다. 꿀벌 사회의 우두머리인 여왕벌은 하루에 1,500개 정도의 알을 낳는다. 여왕벌이 낳은 수벌과 암벌은 각각 다른 일을 한다. 개미 사회처럼 수벌은 여왕벌과 짝짓기를 하고, 암벌은 일벌로 살아간다. 꽃이 피면 일벌은 쉴 틈이 없다. 꿀 1g을 얻으려면 약 8,000송이의 꽃을 찾아다녀야 하기 때문이다. 이렇게 꿀을 모아 애벌레도 먹이고 겨울도 난다. 일벌의 일은 일개미의 일과 비슷하다. 일벌은 여왕벌과 알을 돌보며, 애벌레를 기른다. 이 밖에도 꿀을 찾고 나르며, 집을 청소하고, 집을 지키는 일이 모두 일벌의 몫이다.

5 꿀벌도 개미처럼 자신의 생각을 전달할 수 있다. 꿀이 많은 꽃밭을 찾은 일벌은 벌집으로 돌아와 꿀이 많은 곳의 위치를 다른 일벌에게 알려 준다. 이때 일벌의 화려한 춤을 볼 수 있다. 꽃밭이 가까이 있으면 일벌은 동그랗게 움직이며 춤을 춘다. 꽃밭이 멀리 있으면

일벌은 8자 모양으로 움직이며 춤을 춘다. 이때는 꼬리를 흔들며 춤을 추는데 꼬리를 흔드는 속도가 느릴수록 꽃밭이 더 멀리 있다는 뜻이다.

6 인간과 같이 무리를 지어 사는 대표적인 곤충으로 개미와 꿀벌이 있다. 개미와 꿀벌역시 다른 개체와 서로 생각을 주고받는데, 개미는 페로몬이나 소리를 이용하고 꿀벌은 춤을 이용한다. 이러한 의사소통 능력을 바탕으로 개미와 꿀벌은 각자 할 일을 나누어 하면서 무리 생활을 유지할 수 있다.

◆ **개체**: 전체나 집단에 상대하여 하나하나의 낱개를 이르는 말
◆ **의사소통**: 가지고 있는 생각이나 뜻이 서로 통함
◆ **필수적**: 반드시 있어야 하는 것
◆ **우두머리**: 어떤 집단이나 조직에서 가장 높은 사람
◆ **분업**: 일을 나누어서 함
◆ **영역**: 힘·생각·활동 따위가 미치는 분야나 범위
◆ **침입하려는**: 남의 영토나 권리, 재산 따위를 범하거나 해를 끼치려는
◆ **화려한**: 눈이 부시게 아름답고 보기 좋은

❖ 글 내용 한눈에 보기 ●●●

	개미	꿀벌
분업	• 여왕개미: 알을 낳음 • 숫개미: 여왕개미와 짝짓기를 함 • **1** ㅇㄱㅁ (암개미): 알과 애벌레 돌보기, 먹이 찾고 나르기, 집 짓고 지키기 등 여러 가지 일을 함	• **2** ㅇㅇㅂ : 알을 낳음 • 수벌: 여왕벌과 짝짓기를 함 • 일벌(암벌): 여왕벌과 알 돌보기, 애벌레 기르기, 꿀 찾고 나르기, 집 청소하고 지키기 등 여러 가지 일을 함
의사소통	여러 종류의 **3** ㅍㄹㅁ 과 몸을 긁어서 내는 소리로 생각을 전함	꽃밭이 가까이 있으면 동그랗게, 멀리 있으면 8자 모양으로 **4** ㅊ 을 춤

내용 이해

01 이 글에 대한 설명이 맞으면 ◯, 틀리면 ✕ 표시를 하세요.

1 개미는 여러 종류의 페로몬을 내뿜어 다른 개미에게 먹이가 있다는 것을 알리기도 하고, 위험을 알리기도 한다. [◯ / ✕]

2 일벌은 알을 낳아 돌보고, 애벌레를 기른다. [◯ / ✕]

내용 추론

02 개미와 꿀벌을 비교한 내용으로 알맞은 것은 무엇일까요? [ ]

① 개미와 꿀벌은 둘 다 수컷만 일을 한다.
② 개미와 꿀벌은 무리의 우두머리가 수컷이다.
③ 개미와 꿀벌은 각자의 역할에 따라 분업을 한다.
④ 개미는 무리를 지어 생활하지만, 꿀벌은 혼자 산다.
⑤ 개미는 여왕개미만 알을 낳지만, 꿀벌은 여왕벌과 암벌이 같이 알을 낳는다.

내용 이해

03 다음은 꿀벌의 의사소통 방법을 정리한 것입니다. 빈칸에 들어갈 알맞은 말을 쓰세요.

꿀이 많은 꽃밭을 찾은 일벌은 벌집으로 돌아와 꿀이 많은 곳의 위치를 **1**[　　] 을 추어 다른 일벌에게 알려 주는데, **2**[　　　　] 움직이면 꽃밭이 가까이에 있다는 의미이고, **3**[　　　　] 모양으로 움직이면 꽃밭이 멀리 있다는 의미이다.

중심 내용 쓰기

04 이 글의 중심 내용을 한 문장으로 완성해 보세요.

개미와 꿀벌은 ✐＿＿＿＿＿ 능력을 바탕으로 ✐＿＿＿＿＿ 을 하면서 ✐＿＿＿＿＿ 를 지어 산다.

01 다음 낱말의 뜻을 찾아 바르게 연결해 보세요.

1 개체 •

2 우두머리 •

3 의사소통 •

• ㄱ 가지고 있는 생각이나 뜻이 서로 통함

• ㄴ 어떤 집단이나 조직에서 가장 높은 사람

• ㄷ 전체나 집단에 상대하여 하나하나의 낱개를 이르는 말

02 제시된 뜻과 예문을 참고하여 다음 초성에 해당하는 낱말을 빈칸에 쓰세요.

1 ㅍ ㅅ ㅈ : 반드시 있어야 하는 것

예 현대인에게 스마트폰은 (   )인 물건이다.

2 ㅎ ㄹ 하다: 눈이 부시게 아름답고 보기 좋다.

예 봄이 되니 정원에 꽃들이 (   )하게 피었다.

3 ㅊ ㅇ 하다: 남의 영토나 권리, 재산 따위를 범하거나 해를 끼치다.

예 어두운 밤을 틈타 적군이 (   )해 왔다.

03 다음 문장에 들어갈 알맞은 낱말을 보기에서 찾아 쓰세요.

보기

곤충   분업   영역   전달

1 여럿이 [   ][   ]을 하니 일이 빨리 끝났다.

2 동물들은 자신의 배설물 등으로 흔적을 남겨 자기 [   ][   ]을 표시한다.

12 조선 시대의 통신 수단

➊ 우리는 멀리 있는 사람과 소식을 주고받을 때 전화나 이메일을 이용한다. 그렇다면 이런 통신 수단이 없었던 옛날에는 어떠했을까? 옛날에도 멀리 있는 사람에게 소식을 전할 수 있는 방법이 있었다. 전쟁 중에 공격하라는 뜻으로 북을 치거나 외적이 나타났다는 것을 알리기 위해 하늘에 연을 띄우기도 했다. 조선 시대에는 봉수와 파발이 중요한 통신 수단이었다.

➋ 봉수는 높은 산 위에 있는 봉수대에서 낮에는 연기, 밤에는 불을 피워서 급한 소식을 임금이 있는 한양까지 전하는 방법이었다. 봉수대에는 굴뚝 다섯 개가 나란히 있는데, 이 굴뚝에서 연기나 불이 한 개 피어오르면 아무 일도 없는 것이었다. 적이 멀리에서 나타나면 두 개, 국경에 좀 더 가까이 오면 세 개에 연기나 불을 피웠다. 적이 국경을 넘어 쳐들어오면 네 개, 적과 우리 사이에 전투가 벌어지면 다섯 개에 연기나 불을 피워 소식을 전했다. 봉수로 한양까지 소식을 전하기 위해서는 여러 산꼭대기에 수많은 봉수대를 설치해야 했다.

➌ 파발은 사람이 걷거나 말을 타고 가서 문서를 전하는 방법이었다. 파발에는 나름의 표시가 있었다. 일이 급한 정도에 따라 파발에 1~3개의 방울을 달았는데 정말 급한 일에는 방울 3개를 달았다. 파발은 중간중간 이어 주는 곳이 필요했다. 먼 거리를 사람과 말이 걷거나 달려서 한 번에 갈 수는 없었기 때문이다. 그래서 사람과 말을 바꿀 수 있는 '참'이

일정한 거리마다 있었다. 또한 봉수와 파발에는 정해진 길이 있었다. 봉수도 정해진 봉수대 끼리 정보를 주고받았으며, 파발도 소식을 전하는 사람이 주로 다니는 길이 있었다.

4 봉수는 국경에서 한양까지 약 12시간이면 전달되어 소식을 전하는 속도가 빨랐다. 그러나 비가 오거나 안개가 끼면 쓸 수 없었다. 그래서 사용하게 된 방법이 파발이다. 파발은 소식을 전하는 데 봉수보다 오래 걸리고 돈도 많이 들었지만 날씨에 관계없이 이용할 수 있었다. 또한 봉수는 한 봉수대에서 문제가 생기면 다음 봉수대에서는 아무것도 알 수 없었다. 하지만 파발은 사람이 문서로 내용을 전하기 때문에 정확한 정보를 전할 수 있었다.

◆ **통신 수단**: 각종 형태의 통신을 전하는 데 이용하는 물질적·기술적 수단. 전화나 우편 따위가 있음
◆ **봉수대**: 봉수를 올릴 수 있게 돌로 높이 쌓은 것
◆ **한양**: 조선 시대에 지금의 '서울'을 이르던 이름으로, 조선의 왕궁이 있는 수도였음
◆ **국경**: 나라와 나라의 영역을 가르는 경계
◆ **나름**: 제각기 가지고 있는 독특한 성격이나 방식
◆ **참**: 파발을 위해 중간에 말을 바꾸어 타거나 쉴 수 있게 만들어 놓은 곳

❯❯ 글 내용 한눈에 보기 ●●●

봉수		파발
높은 산 위에 있는 봉수대에서 연기나 **1** ㅂ 을 피워 소식을 전함	소식을 전하는 방법	사람이 걷거나 **2** ㅁ 을 타고 가서 문서를 전함
• 장점: 소식을 전하는 속도가 **3** ㅃ ㄹ • 단점: **4** ㅂ 가 오거나 안개가 끼면 쓸 수 없고, 한 봉수대에서 문제가 생기면 다음 봉수대에서는 아무것도 알 수 없음	장단점	• 장점: 날씨에 관계없이 이용할 수 있고, 사람이 문서로 내용을 전하기 때문에 **5** ㅈ ㅎ 한 정보를 전할 수 있음 • 단점: 소식을 전하는 데 봉수보다 오래 걸리고 돈도 많이 듦

글을 이해해요

내용 이해
01 이 글에 대한 설명이 맞으면 ○, 틀리면 ✕ 표시를 하세요.

1 봉수는 파발보다 돈이 적게 든다. [○ / ✕]

2 파발은 봉수보다 정확한 정보를 전할 수 있다. [○ / ✕]

3 봉수는 파발보다 소식을 전하는 데 오래 걸린다. [○ / ✕]

4 파발은 봉수와 달리 날씨와 관계없이 이용할 수 있다. [○ / ✕]

내용 이해
02 봉수와 파발에 대한 설명으로 알맞지 않은 것은 무엇인가요? [✎   ]

① 파발은 방울을 달아서 일의 급한 정도를 나타냈다.
② 봉수는 낮에는 연기, 밤에는 불을 피워 소식을 전했다.
③ 파발은 소식을 전하는 사람이 주로 다니는 길이 있었다.
④ 봉수는 국경 근처에서 불을 피우면 한양에서 바로 볼 수 있었다.
⑤ 파발은 사람과 말을 바꿀 수 있는 '참'이 일정한 거리마다 있었다.

내용 추론
03 그림에서 봉수대에 핀 연기를 보고 알 수 있는 소식은 무엇일까요? [✎   ]

① 아무 일도 없다.
② 적이 멀리에서 나타났다.
③ 적이 국경에 가까이 다가왔다.
④ 적이 국경을 넘어 쳐들어왔다.
⑤ 적과 우리 군대 사이에 전투가 벌어졌다.

중심 내용 쓰기
04 이 글의 중심 내용을 한 문장으로 완성해 보세요.

조선 시대에는 ✎＿＿＿＿＿＿＿ 와 ✎＿＿＿＿＿＿＿ 이 중요한 ✎＿＿＿＿＿＿＿
이었다.

01 다음 낱말의 뜻을 찾아 바르게 연결해 보세요.

① 참 •

② 봉수 •

③ 한양 •

• **㉠** 파발을 위해 중간에 말을 바꾸어 타거나 쉴 수 있게 만들어 놓은 곳

• **㉡** 조선 시대에 지금의 '서울'을 이르던 이름으로, 조선의 왕궁이 있는 수도였음

• **㉢** 밤에는 불, 낮에는 연기를 올려 지방에서 발생하는 난리나 외적의 침입을 중앙으로 알리던 통신 제도

02 제시된 뜻과 예문을 참고하여 다음 초성에 해당하는 낱말을 빈칸에 쓰세요.

① ㅂ ㅅ ㄷ : 봉수를 올릴 수 있게 돌로 높이 쌓은 것

예 소식을 전하기 위해 높은 산 정상마다 (   )를 설치하였다.

② ㅌ ㅅ ㅅ ㄷ : 각종 형태의 통신을 전하는 데 이용하는 물질적·기술적 수단

예 오늘날 휴대 전화는 (   )을 넘어 현대인의 필수품이 되었다.

03 다음 문장에 들어갈 알맞은 낱말을 보기 에서 찾아 쓰세요.

보기

| 국경 | 나름 | 문서 | 외적 |

① 사람은 누구나 자기 [   ]대로의 장점이 있다.

② 환경 문제는 [   ]을 넘어 지구 전체에 영향을 준다.

13 스티븐 호킹 박사 이야기

➊ 살다 보면 누구에게나 힘들고 어려운 일이 찾아올 수 있다. 이런 고난에 부딪혔을 때 어떤 사람은 이를 어떻게든 피하려고 하지만, 어떤 사람은 이를 당당히 맞서 이겨 내려고 한다. 오늘은 삶의 큰 어려움을 극복하고 훌륭한 업적을 남긴 인물에 대해 이야기하려 한다. 바로 스티븐 호킹 박사의 이야기이다.

➋ 스티븐 호킹은 1942년에 영국의 옥스퍼드에서 태어났다. 어릴 적 호킹은 밤하늘을 바라보며 별은 어떻게 만들어졌는지, 우주는 언제 생겨났는지 등 궁금한 것이 많은 아이였다. 독서를 무척 좋아해서 가족들은 그를 책벌레라고 부르기도 하였다. 과학자가 되고 싶어 대학교에 입학한 호킹은 학업에 열심인 한편, 조정 선수로 활동할 정도로 건강하였다.

➌ 열정적으로 대학 생활을 하던 호킹은 언제부터인가 몸이 조금씩 둔해지는 것을 느꼈다. 길을 걷다가 이유 없이 넘어지는 일이 잦아졌고, 손가락이 잘 움직이지 않아 구두끈도 빨리 맬 수 없게 되었다. 병원을 찾아간 호킹은 루게릭병이라는 진단을 받았다.

"루게릭병은 아직 원인조차 알 수 없는 불치의 병입니다. 이 병은 온몸의 근육이 조금씩 굳으면서 결국엔 몸을 움직일 수 없게 됩니다. 앞으로 2년밖에 살지 못할 거예요."

의사의 말에도 호킹은 절망하지 않았다. 오히려 남은 삶을 소중하게 생각하고 더욱 열심히 연구에 몰두한 결과, 세계를 깜짝 놀라게 하는 많은 이론을 발표하였다.

➍ 호킹은 특히 블랙홀에 관심을 가지고 연구하였다. 당시 과학자들은 블랙홀이 주위의 물질을 안으로 빨아들이기만 한다고 생각하였다. 하지만 호킹은 블랙홀이 에너지를 방출하기도 한다는 사실을 발표하였으며, 이것은 그의 가장 중요하고 훌륭한 업적으로 인정받고 있다. 그가 32세가 되던 1974년에는 영국 왕립 학회의 일원이 되는 영광을 얻기도 하였다. 왕립 학회는 영국에서 가장 오래된 학회로, 아이작 뉴턴이나 알베르트 아인슈타인 같은 유명한 과학자들이 거쳐 간 곳이기도 하다. 또한 호킹이 왕립 학회에 들어갈 당시에는 그가 역사상 가장 젊은 회원이었다.

➎ 병세가 악화되어 수술을 받은 뒤 호킹은 목소리를 완전히 잃게 되었다. 그는 컴퓨터 기계의 도움을 받아야만 의사소통할 수 있었다. 그러한 불편함 속에서도 호킹은 여러 권의 책을 썼다. 그중 1988년 출판된 『시간의 역사』라는 책은 전 세계에서 1,000만 부 이상이 팔리며 많은 사랑과 관심을 받았다.

6 21세기가 되어서도 호킹은 계속해서 책을 쓰고, 전 세계를 돌면서 강연을 하였다. 걸을 수도, 말을 할 수도, 손가락을 움직여 글을 쓸 수도 없지만 호킹은 자신만의 연구 방법으로 우주의 신비를 밝혀냈다. 그는 아인슈타인의 뒤를 잇는 훌륭한 과학자라는 칭송을 받았다. 2018년, 호킹은 76세의 나이로 세상을 떠났다. 그가 남긴 연구 결과와 책들도 훌륭하지만, 어떤 역경에도 굽히지 않는 호킹의 강한 의지는 전 세계의 많은 사람들에게 감동을 주었다.

◆ **업적**: 열심히 일하여 이룩해 놓은 결과
◆ **조정**: 정해진 거리에서 보트를 저어 속도를 겨루는 경기
◆ **잦아졌고**: 어떤 일이나 행위 따위가 자주 있게 되었고
◆ **불치**: 병이 잘 낫지 아니함. 또는 고치지 못함
◆ **방출하기**: 물질이 열이나 빛, 전파 형태 따위의 에너지를 밖으로 내보내기
◆ **칭송**: 잘한 일이나 좋은 일에 대해 칭찬하는 것
◆ **역경**: 일이 순조롭지 않아 매우 어렵게 된 처지나 환경

❯❯ 글 내용 한눈에 보기 ●●●

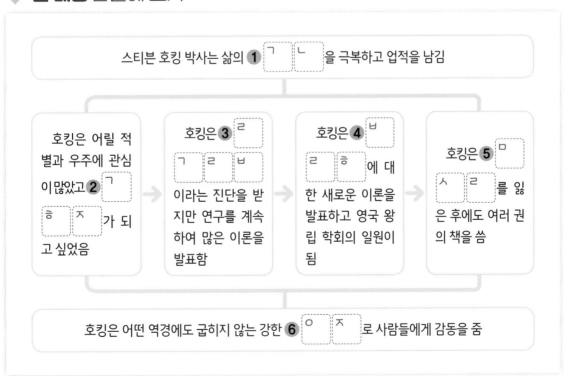

스티븐 호킹 박사는 삶의 **1** ⌐ᄀ⌐ ⌐ᄂ⌐ 을 극복하고 업적을 남김

호킹은 어릴 적 별과 우주에 관심이 많았고 **2** ⌐ᄀ⌐ ⌐ᄒ⌐ ⌐ᄌ⌐ 가 되고 싶었음

호킹은 **3** ⌐ᄅ⌐ ⌐ᄀ⌐ ⌐ᄅ⌐ ⌐ᄇ⌐ 이라는 진단을 받지만 연구를 계속하여 많은 이론을 발표함

호킹은 **4** ⌐ᄇ⌐ ⌐ᄅ⌐ ⌐ᄒ⌐ 에 대한 새로운 이론을 발표하고 영국 왕립 학회의 일원이 됨

호킹은 **5** ⌐ᄆ⌐ ⌐ᄉ⌐ ⌐ᄅ⌐ 를 잃은 후에도 여러 권의 책을 씀

호킹은 어떤 역경에도 굽히지 않는 강한 **6** ⌐ᄋ⌐ ⌐ᄌ⌐ 로 사람들에게 감동을 줌

글을 이해해요

내용 이해

01 스티븐 호킹에 대한 설명이 맞으면 ○, 틀리면 ✕ 표시를 하세요.

1 어릴 적부터 운동을 좋아하여 조정 선수가 되고 싶어 대학교에 입학하였다. [○ / ✕]

2 루게릭병이라는 진단을 받은 후에도 연구를 계속하여 많은 이론을 발표하였다.

[○ / ✕]

내용 이해

02 다음은 스티븐 호킹의 삶을 나열한 것입니다. 사건이 일어난 순서대로 기호를 쓰세요.

ㄱ 영국의 옥스퍼드에서 태어남

ㄴ 수술을 받은 뒤 목소리를 잃게 됨

ㄷ 책을 쓰고 강연을 하다가 76세의 나이로 세상을 떠남

ㄹ 루게릭병이라는 진단을 받은 후에도 연구를 계속함

ㅁ 대학교에서 학업에 열심인 한편, 조정 선수로 활동함

(   ) → (   ) → (   ) → (   ) → (   )

내용 추론

03 스티븐 호킹의 삶이 많은 사람들에게 감동을 준 이유로 가장 알맞은 것은 무엇일까요? [✎   ]

① 목소리를 완전히 잃게 되었기 때문이다.
② 영국 왕립 학회의 가장 젊은 회원이었기 때문이다.
③ 젊은 나이에 루게릭병이라는 진단을 받았기 때문이다.
④ 어떤 역경에도 굽히지 않는 강한 의지를 보여 주었기 때문이다.
⑤ 블랙홀이 주위의 물질을 빨아들인다는 사실을 최초로 발표하였기 때문이다.

중심 내용 쓰기

04 이 글의 중심 내용을 한 문장으로 완성해 보세요.

스티븐 호킹 박사는 루게릭병이라는 진단을 받은 후에도 연구를 계속하여 많은 이론을 발표하는 등 삶의 ✎＿＿＿＿＿＿＿＿을 극복하고 훌륭한 ✎＿＿＿＿＿＿＿을 남겼다.

01 다음 낱말의 뜻을 찾아 바르게 연결해 보세요.

1 역경 •　　　• ㄱ 잘한 일이나 좋은 일에 대해서 칭찬하는 것

2 조정 •　　　• ㄴ 일이 순조롭지 않아 매우 어렵게 된 처지나 환경

3 칭송 •　　　• ㄷ 정해진 거리에서 보트를 저어 속도를 겨루는 경기

02 제시된 뜻과 예문을 참고하여 다음 초성에 해당하는 낱말을 빈칸에 쓰세요.

1 ㅈ ㅇ 지다: 어떤 일이나 행위 따위가 자주 있게 되다.

예 지각이 (　　　　　)지자 선생님께서 상담실로 부르셨다.

2 ㅊ ㅂ ㄹ : 지나치게 책을 좋아하거나 공부만 하는 사람

예 그는 (　　　　　)라는 별명이 있을 정도로 많은 책을 읽었다.

3 ㅂ ㅊ 하다: 물질이 열이나 빛, 전파 형태 따위의 에너지를 밖으로 내보내다.

예 어떤 물질이 액체에 녹을 때 열을 (　　　　　)하거나 흡수하는데, 이를 '용해열'이라고 한다.

03 다음 문장에 들어갈 알맞은 낱말을 보기 에서 찾아 쓰세요.

보기

고난　　　불치　　　업적　　　학업

1 결핵은 한때 [　][　]의 병으로 여겨졌다.

2 우리는 [　][　] 속에서도 희망을 잃지 않았다.

3 훈민정음 창제는 세종 대왕의 위대한 [　][　] 중 하나이다.

14 아플 때 먹는 세계의 음식

1 우리나라에서는 감기에 걸리면 배즙과 생강차를 마신다. 배는 기관지를 보호하고, 열을 내려 주는 효과가 있다. 또한 염증이나 가래를 줄여 주기도 한다. 생강은 매운맛이 조금 나는데, 이 매운맛을 내는 성분에 각종 병균을 물리치는 효과가 있어 감기 예방에 좋다. 그렇다면 다른 나라에서는 감기에 걸렸을 때 어떤 음식을 먹을까?

2 러시아에서는 감기에 걸리거나 몸이 아플 때 고골모골을 먹는다. 고골모골은 달걀과 우유로 만드는데, 달걀과 우유는 단백질과 지방 같은 영양소가 풍부하다. 아플 때 영양소가 풍부한 음식을 먹으면 나쁜 균을 이겨 내는 힘인 면역력이 증진된다. 우유를 따뜻하게 데운 후 달걀 한 개와 꿀, 버터를 조금 넣어 섞으면 고골모골을 만들 수 있다.

3 핀란드에서는 감기에 걸리면 양파 우유를 먹는다. 양파에는 단백질, 탄수화물은 물론 비타민 C 등 면역력을 키울 수 있는 성분이 많고, 우유에도 단백질이 풍부하게 들어 있다. 감기 기운이 있을 때 우유에 양파를 넣어 20분 정도 끓여서 마시면 양파와 우유 속에 들어 있는 좋은 성분을 섭취할 수 있어 감기에 도움이 된다.

4 미국에서는 감기에 걸리거나 아플 때 치킨 누들 수프를 즐겨 먹는다. 누들은 면을 뜻하는 말로, 치킨 누들 수프는 닭고기 수프에 면을 넣어 만든 요리이다. 치킨 누들 수프는 고기에 채소를 곁들여 영양분이 많고, 수분도 보충할 수 있어 감기에 걸렸을 때 먹기 좋은 음식이다.

5 싱가포르에서는 감기에 걸리면 흰살생선과 생강을 넣어 만든 죽을 먹는다. 흰살생선은 살이 흰색을 띠고 있는 생선으로, 도미, 대구, 복어 등이 있다. 이러한 흰살생선에는 단백질이 풍부하게 들어 있어 단백질을 보충할 수 있다. 생강에는 면역력을 키워 주는 성분이 들어 있어 감기에 좋다. 또한 죽은 소화도 잘된다.

6 감기에 걸렸을 때 세계 여러 나라의 사람들은 감기가 낫는 데 도움이 되는 영양소가 풍부한 음식을 먹는다. 하지만 어떤 나라에서는 우유와 달걀을 먹고, 어떤 나라에서는 흰살 생선과 생강을 먹는다. 이처럼 나라별로 감기에 걸렸을 때 먹는 음식의 종류와, 음식에 들어간 재료가 다양한 이유는 각 나라의 문화와 자연환경에 따라 음식 문화가 다르기 때문이다.

◆ **기관지**: 숨 쉬는 공기가 가슴 위쪽에서 갈라져서 양쪽의 허파로 통하는 부분
◆ **염증**: 세균이나 상처 또는 그 밖의 원인으로 몸의 어떤 부분이 붓고 곪아, 열이나 통증 따위를 일으키는 증상
◆ **가래**: 사람의 목구멍에 생기는 끈적끈적한 액체
◆ **성분**: 물질의 바탕을 이루고 있는 구성 요소
◆ **영양소**: 단백질·탄수화물·지방·비타민 따위의 생물에게 영양이 되는 물질
◆ **면역력**: 몸 밖에서 들어온 병균을 이겨 내는 몸의 힘
◆ **수분**: 무엇에 섞이거나 스며 있는 물. 물의 성분
◆ **소화**: 사람이나 동물이 먹은 것을 뱃속에서 처리하여 영양분으로 빨아들이는 것

≫ 글 내용 한눈에 보기 ●●●

우리나라: 배즙, 생강차

1 [ㅂ] 는 기관지를 보호하고 열을 내려 주며, 생강은 각종 병균을 물리침

각 나라의 문화와 자연환경에 따라 감기에 걸렸을 때 먹는 음식의 종류와 재료가 다양함

러시아: 고골모골

달걀과 **2** [ㅇ][ㅇ] 로 만들어 영양소가 풍부하고 면역력을 증진함

핀란드: 3 [ㅇ][ㅍ] 우유

양파에는 단백질, 탄수화물, 비타민 C 등의 성분이 있어 면역력을 키움

미국: 치킨 누들 수프

고기에 채소를 곁들여 영양분이 많고, **4** [ㅅ][ㅂ] 을 보충할 수 있음

싱가포르: 흰살생선 죽

단백질을 보충할 수 있고, **5** [ㅅ][ㅎ] 도 잘됨

글을 이해해요

내용 이해

01 이 글에 대한 설명이 맞으면 ○, 틀리면 ✕ 표시를 하세요.

1 감기에 걸렸을 때 세계 여러 나라 사람들은 같은 음식을 먹는다. [○ / ✕]

2 미국에서는 아플 때 고기에 채소를 곁들여 영양분이 많은 치킨 누들 수프를 먹는다.

[○ / ✕]

내용 이해

02 사진 속 음식은 아플 때 먹는 것입니다. 어떤 나라의 음식인지 선으로 연결하세요.

① 양파 우유

② 흰살생선 죽

③ 배즙

ㄱ 핀란드

ㄴ 대한민국

ㄷ 싱가포르

내용 추론

03 몸이 아플 때 먹기 좋은 음식이 <u>아닌</u> 것은 무엇일까요? [✎]

① 영양소가 많은 음식
② 소화가 잘되는 음식
③ 자극적인 맛이 나는 음식
④ 면역력을 높여 주는 음식
⑤ 수분을 보충해 줄 수 있는 음식

중심 내용 쓰기

04 이 글의 중심 내용을 한 문장으로 완성해 보세요.

나라별로 감기에 걸렸을 때 먹는 음식의 종류와 재료가 다양한 이유는 각 나라의
✎ _____ 와 ✎ _____ 에 따라 ✎ _____ 가 다르기 때문이다.

01 다음 낱말의 뜻을 찾아 바르게 연결해 보세요.

1 수분 •

2 기관지 •

3 영양소 •

• **ㄱ** 무엇에 섞이거나 스며 있는 물. 물의 성분

• **ㄴ** 숨 쉬는 공기가 가슴 위쪽에서 갈라져서 양쪽의 허파로 통하는 부분

• **ㄷ** 단백질·탄수화물·지방·비타민 따위의 생물에게 영양이 되는 물질

02 제시된 뜻과 예문을 참고하여 다음 초성에 해당하는 낱말을 빈칸에 쓰세요.

1 ㅂ ㅊ 하다: 부족한 것을 보태어 채우다.

예 부족한 잠을 ( )하기 위해 일찌감치 자기로 했다.

2 ㄱ ㄹ : 사람의 목구멍에 생기는 끈적끈적한 액체

예 감기가 심해지자 기침이 나오고 목에 ( )가 생겼다.

3 ㅁ ㅇ ㄹ : 몸 밖에서 들어온 병균을 이겨 내는 몸의 힘

예 음식을 골고루 먹고 운동을 꾸준히 하면 ( )을 키울 수 있다.

03 다음 문장에 들어갈 알맞은 낱말을 **보기**에서 찾아 쓰세요.

보기

감기   성분   소화   염증

1 녹차에는 세균 증식을 억제하는 □□이 들어 있다.

2 상처를 소독하지 않고 내버려 두면 □□이 생길 수 있다.

3 저녁을 많이 먹었더니 속이 더부룩하고 □□가 잘 안된다.

15 건강 지킴이, 세로토닌과 멜라토닌

1 비가 오거나 하늘이 흐린 날은 왠지 평소보다 우울한 기분이 든다. 흔히 기분 탓 혹은 날씨 탓이라고 생각하지만 사실은 호르몬 때문일 수 있다. 호르몬은 우리 몸에서 분비되어 어떤 조직이나 기관의 활동을 조절하는 물질이다. 호르몬은 키를 자라게 하거나 생리 현상을 조절하고, 감정에 영향을 주는 등 신체를 건강하게 유지하는 데 중요한 역할을 한다. 세로토닌과 멜라토닌은 우리 몸의 건강에 영향을 주는 대표적인 호르몬이다.

2 세로토닌은 불안감을 줄이고 평온한 기분을 갖게 해 주는 등 행복의 감정을 느끼게 해 주는 호르몬으로, '행복 호르몬'이라고 부르기도 한다. 세로토닌은 빛의 영향을 받는데, 햇빛을 쬐면 몸에서 세로토닌이 만들어져 기분이 좋아진다. 또한 세로토닌은 집중력이나 기억력 같은 학습 능력에도 영향을 주는데, 이는 세로토닌이 분비되면 정서가 안정되고 차분해지기 때문이다. 한편 멜라토닌은 하루 주기의 생체 리듬을 담당하는 호르몬이다. 멜라토닌은 수면 욕구와 관련이 있는 호르몬으로, 천연 수면제라고도 알려져 있다. 멜라토닌 역시 빛의 영향을 받는데, 흥미로운 점은 세로토닌과 반대로 멜라토닌은 빛이 없는 어두운 환경에서만 분비된다. 즉 어두운 밤이 되면 멜라토닌이 분비되어 잠이 오게 되는 것이다. 구름이 잔뜩 낀 흐린 날에 낮부터 졸음이 쏟아지는 까닭 역시 멜라토닌 때문이다.

3 그렇다면 세로토닌이나 멜라토닌의 분비에 문제가 생기면 어떻게 될까? 먼저 세로토닌이 제대로 분비되지 않으면 마음이 불안해져 근심 걱정이 많아지고 평정심을 잃게 된다. 감정의 기복이 심해져 쉽게 화를 내거나 부정적인 감정이 강해지는 등 우울 증상이 생길 수 있다. 한편 멜라토닌이 제대로 분비되지 않으면 불면증에 시달릴 수 있다. 멜라토닌은 신체의 자연적인 생활 리듬을 조절하는 역할을 하기 때문에 멜라토닌이 부족해지면 밤에 쉽게 잠들지 못하거나 새벽에 자주 깨는 일이 생길 수 있다. 또한 멜라토닌이 부족하면 무기력증에 빠질 수도 있다.

4 세로토닌이나 멜라토닌이 부족하여 생기는 문제를 치료하는 데에는 일단 약물을 처방하는 방법이 있다. 우리 몸에서 세로토닌이나 멜라토닌을 제대로 만들어 내지 못하므로 호르몬을 직접 몸 안에 넣어 주는 것이다. 그러나 의사들은 이러한 방법보다 낮에는 30분 이상 온몸에 햇빛을 쬐는 한편, 밤에는 방 안을 충분히 어둡게 하는 생활 습관을 통해 자연스럽게 건강을 지키기를 권하고 있다.

5 볼 수도 만질 수도 없지만 우리는 세로토닌과 멜라토닌 덕분에 낮에는 활기차게 생활하고 밤에는 충분한 수면을 취할 수 있다. 우리 몸에는 생체 리듬의 주기성을 갖게 하는 '생체 시계'가 있다. 매일 일정하게 해가 뜨고 지는 것처럼 우리 몸도 생체 시계에 맞추어 규칙적으로 호르몬이 분비되어야 건강을 유지할 수 있다. 이를 위해서는 규칙적인 생활 습관을 기르는 것이 중요하다.

◆ **분비되어**: 몸속의 일부 기관이나 세포에서 여러 가지 생리 작용을 일으키는 물질이 나오게 되어
◆ **생리**: 생물의 생명을 이어 나가기 위한 몸의 조직과 기관들이 작용하는 이치
◆ **주기**: 같은 현상이나 특징이 한 번 나타나고부터 다음번 되풀이되기까지의 기간
◆ **천연**: 사람이 건드리지 않은 자연 그대로의 상태
◆ **기복**: 어떤 상태가 고르게 계속되지 않고 좋아졌다 나빠졌다 하는 상태
◆ **불면증**: 밤에 잠을 자지 못하는 상태가 오래도록 계속되는 증상
◆ **무기력증**: 기운이나 힘이 없어지는 증상
◆ **처방하는**: 병을 치료하기 위하여 증상에 따라 약을 짓는

≫ 글 내용 한눈에 보기 ●●●

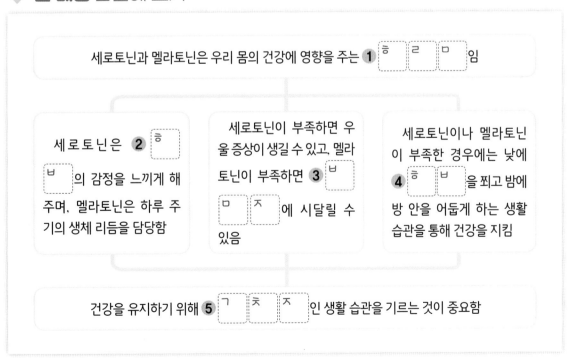

세로토닌과 멜라토닌은 우리 몸의 건강에 영향을 주는 **1** ㅎ ㄹ ㅁ 임

세로토닌은 **2** ㅎ ㅂ 의 감정을 느끼게 해 주며, 멜라토닌은 하루 주기의 생체 리듬을 담당함

세로토닌이 부족하면 우울 증상이 생길 수 있고, 멜라토닌이 부족하면 **3** ㅂ ㅁ ㅈ 에 시달릴 수 있음

세로토닌이나 멜라토닌이 부족한 경우에는 낮에 **4** ㅎ ㅂ 을 쬐고 밤에 방 안을 어둡게 하는 생활 습관을 통해 건강을 지킴

건강을 유지하기 위해 **5** ㄱ ㅊ ㅈ 인 생활 습관을 기르는 것이 중요함

내용 이해

01 이 글에 대한 설명이 맞으면 ○, 틀리면 ✕ 표시를 하세요.

1 호르몬은 키를 자라게 하거나 생리 현상을 조절하고 감정에 영향을 준다. [○ / ✕]

2 멜라토닌이 분비되면 정서가 안정되고 차분해져 집중력과 기억력이 좋아진다.

[○ / ✕]

내용 이해

02 다음은 세로토닌과 멜라토닌에 대해 정리한 것입니다. 빈칸에 들어갈 알맞은 말을 쓰세요.

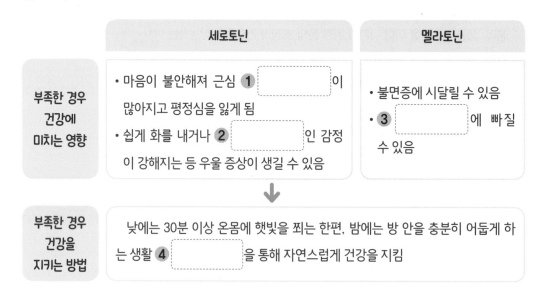

	세로토닌	멜라토닌
부족한 경우 건강에 미치는 영향	• 마음이 불안해져 근심 **1** [　　　]이 많아지고 평정심을 잃게 됨 • 쉽게 화를 내거나 **2** [　　　]인 감정이 강해지는 등 우울 증상이 생길 수 있음	• 불면증에 시달릴 수 있음 • **3** [　　　]에 빠질 수 있음
부족한 경우 건강을 지키는 방법	낮에는 30분 이상 온몸에 햇빛을 쬐는 한편, 밤에는 방 안을 충분히 어둡게 하는 생활 **4** [　　　]을 통해 자연스럽게 건강을 지킴	

내용 추론

03 세로토닌과 멜라토닌을 비교한 내용으로 알맞지 **않은** 것은 무엇일까요?

[✎　　　]

① 세로토닌과 멜라토닌은 모두 우리 몸에서 분비된다.
② 세로토닌과 멜라토닌은 모두 부족한 경우 우리 몸에 문제를 발생시킨다.
③ 세로토닌은 감정에 영향을 주지만, 멜라토닌은 생체 리듬에 영향을 준다.
④ 세로토닌은 빛을 쬐면 분비되지만, 멜라토닌은 빛이 없는 환경에서 분비된다.
⑤ 세로토닌은 약물을 통해 직접 몸 안에 넣어 줄 수 있지만, 멜라토닌은 약물을 통해 직접 몸 안에 넣어 줄 수 없다.

중심 내용 쓰기

04 이 글의 중심 내용을 한 문장으로 완성해 보세요.

✎ [　　　　　]을 느끼게 해 주는 세로토닌과 하루 주기의 ✎ [　　　　　]을 담당하는 멜라토닌이 부족한 경우 우리 몸에 문제가 생길 수 있으므로, ✎ [　　　　　]인 생활 습관을 통해 건강을 지켜야 한다.

01 다음 낱말의 뜻을 찾아 바르게 연결해 보세요.

1 생리 •

2 천연 •

3 불면증 •

• ㄱ 사람이 건드리지 않은 자연 그대로의 상태

• ㄴ 밤에 잠을 자지 못하는 상태가 오래도록 계속되는 증상

• ㄷ 생물의 생명을 이어 나가기 위한 몸의 조직과 기관들이 작용하는 이치

02 제시된 뜻과 예문을 참고하여 다음 초성에 해당하는 낱말을 빈칸에 쓰세요.

1 ㅊ ㅂ 하다: 병을 치료하기 위하여 증상에 따라 약을 짓다.

예 기침을 많이 해서 병원에 가니 의사가 감기약을 (   )해 주었다.

2 ㅇ ㅇ 하다: 근심으로 마음이 답답해서 조금도 즐겁지 않다.

예 친구의 (   )한 기분을 달래 보려고 우스꽝스러운 표정을 지었다.

3 ㅂ ㅂ 되다: 몸속의 일부 기관이나 세포에서 여러 가지 생리 작용을 일으키는 물질이 나오게 되다.

예 눈물샘에서 눈물이 (   )되어 눈알의 움직임을 부드럽게 해 준다.

03 다음 문장에 들어갈 알맞은 낱말을 보기에서 찾아 쓰세요.

보기
기복   생체   수면   습관   주기

1 지구가 태양 주위를 한 바퀴 도는 ☐ ☐ 는 일정하다.

2 나는 시험 당일 몸 상태에 따라 성적의 ☐ ☐ 이 심하다.

3 가장 좋은 휴식 방법은 충분한 ☐ ☐ 을 취하는 것입니다.

웃음의 다양한 의미

1 '웃으면 복이 온다'라는 말이 있다. 웃음이 행복과 연결되어 있다는 의미이다. 웃음은 그 자체로 몸의 긴장을 풀고 스트레스를 줄여 주며, '엔도르핀'의 분비를 증가시켜 우울감을 해소하고, 사람을 활기차고 건강하게 한다. 또한 웃음은 뇌를 자극하여 인지 기능을 높여 줄 뿐만 아니라 면역 기능을 강화하여 병을 치료하기도 한다. 이런 이유에서 일반적으로 웃음은 기쁘거나 즐거울 때, 신나거나 재미있을 때 등 긍정적인 상황에서 일어나는 현상으로 인식하는 경우가 많다. 그러나 슬프거나 체념할 때, 화가 나거나 허탈할 때 등 부정적인 상황 역시 웃음을 유발한다. 예를 들어, 재미있는 동영상을 보며 웃음이 터져 나올 때도 있지만, 예상치 못한 작은 실수로 중요한 일을 망치게 되었을 때 허탈한 마음에 웃음이 나오기도 한다. 이처럼 웃음은 여러 상황에서 발생하며 다양한 의미를 가지고 있다.

2 먼저, 긍정적 의미를 갖는 웃음을 알아보자. '폭소'는 예기치 못한 상황에서 큰 소리로 갑자기 터져 나오는 웃음으로, 우리가 개그 프로그램을 보며 웃는 경우를 예로 들 수 있다. '대소'는 크게 웃는 웃음을 뜻하는데, 손뼉을 치며 크게 웃는다는 뜻으로 '박장대소'라는 말로 자주 사용한다. 비슷하게 '너털웃음'은 크게 소리를 내어 시원하고 당당하게 웃는 웃음을 가리킨다. '미소'는 소리를 내지 않고 빙긋이 웃는 웃음이다. '백만 불짜리 미소', '모나리자의 미소' 같은 말도 있다. '함박웃음'은 크고 환하게 웃는 웃음을 뜻하고, '눈웃음'은 소리 없이 눈으로만 웃는 웃음을 뜻한다. 예를 들어, 전자는 아기가 환하게 웃는 모습을, 후자는 웃고 있는 얼굴의 눈이 반달 모양을 하고 있는 모습을 떠올릴 수 있다.

3 한편, 부정적 의미를 갖는 웃음도 있다. 흔히 '쓴웃음'이라고 하는 '고소'는 어이가 없거나 마지못하여 짓는 웃음을 뜻한다. 비슷한 의미로 '실소'가 있는데, 어처구니없는 상황에서 자신도 모르게 툭 터져 나오는 웃음을 뜻한다. 어떤 사람이 엉뚱한 이야기를 늘어놓거나 말도 안 되는 대답을 할 때 자기도 모르게 웃음이 나는 상황을 생각해 볼 수 있다. '조소'는 상대방을 놀리는 듯한 태도로 빈정거리며 웃는 웃음을 말하며, '비웃음'이라는 말로도 자주 사용한다. 이와 비슷하게 콧소리를 내거나 코끝으로 가볍게 비난하듯 웃는 웃음을 가리키는 '비소'가 있다. '코웃음'이라고도 하는데 '흥', '픽' 등 비웃듯이 콧김만으로 내는 웃음이다. 그리고 무관심하거나 쌀쌀한 태도로 업신여겨 웃는 웃음을 '냉소'라고 한다. '냉소'는 '찬웃음'이라고도 하는데, '차갑게 웃는다'라고 표현하기도 한다.

4 웃음은 상황에 따라 사람의 마음을 표정이나 소리로 나타낸다. 긍정적인 웃음은 보기만 해도 즐거워지고 보는 사람까지 따라 웃게 만드는 전염성이 있는 반면에, 부정적인 웃음은 상대방을 기운 빠지게 하거나 화가 나게 한다. '웃는 얼굴에 침 못 뱉는다'라는 속담이 있듯이, 좋게 대하는 사람에게는 화를 내거나 나쁘게 대하기 어렵기 마련이다. 즉, 긍정적인 웃음은 상대방의 불만이나 좋지 않은 감정을 누그러뜨려서 자신이 실수나 잘못을 하더라도 상대방으로 하여금 이해하고 용서할 수 있게 한다. 기왕이면 화가 되고 독이 되는 부정적인 웃음보다 기쁨과 행복을 부르는 긍정적인 웃음으로 웃는 것이 어떨까.

◆ **인지**: 어떠한 사실을 이성이나 감각을 통하여 분명히 아는 것
◆ **면역**: 사람이나 동물의 몸 안에 들어온 균이나 바이러스에 대하여 항체가 생겨서, 같은 균이나 바이러스가 일으키는 병에 걸리지 않는 상태
◆ **체념할**: 품었던 생각이나 기대를 완전히 버리고 더 이상 기대하지 않을
◆ **허탈할**: 몸에 기운이 빠지고 정신이 멍할
◆ **유발한다**: 어떤 사건이나 현상을 일어나게 한다.
◆ **예기치**: 앞으로 닥쳐올 일에 대하여 미리 생각하고 기다리지
◆ **업신여겨**: 얕보거나 하찮게 여겨

⚡ **글 내용** 한눈에 보기 ●●●

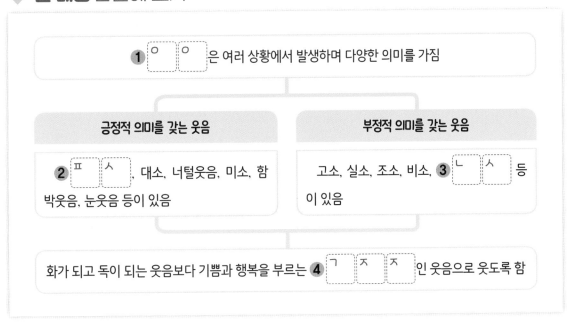

1 ⌐ㅇ┐ ⌐ㅇ┐ 은 여러 상황에서 발생하며 다양한 의미를 가짐

긍정적 의미를 갖는 웃음	부정적 의미를 갖는 웃음
2 ⌐ㅍ┐ ⌐ㅅ┐, 대소, 너털웃음, 미소, 함박웃음, 눈웃음 등이 있음	고소, 실소, 조소, 비소, **3** ⌐ㄴ┐ ⌐ㅅ┐ 등이 있음

화가 되고 독이 되는 웃음보다 기쁨과 행복을 부르는 **4** ⌐ㄱ┐ ⌐ㅈ┐ ⌐ㅈ┐ 인 웃음으로 웃도록 함

글을 이해해요

내용 이해

01 웃음에 대한 설명으로 알맞은 것을 골라 보세요.

1 [대소 / 미소]는 소리를 내지 않고 빙긋이 웃는 웃음이다.

2 상대방을 놀리는 듯이 빈정거리며 웃는 웃음은 [고소 / 조소]로, '비웃음'이라고도 한다.

내용 이해

02 다음은 웃음의 의미를 정리한 것입니다. 빈칸에 들어갈 알맞은 말을 보기 에서 찾아 쓰세요.

> 보기
>
> 냉소, 비소, 실소, 폭소, 눈웃음, 너털웃음, 함박웃음

1		어처구니없는 상황에서 자신도 모르게 툭 터져 나오는 웃음
2		소리 없이 눈으로만 웃는 웃음
3		크고 환하게 웃는 웃음

내용 추론

03 다음 상황에서 승객들에게 어울리는 웃음으로 알맞은 것은 무엇일까요? [✎   ]

늦은 밤, 눈 내린 시골길의 마을버스에서 할머니와 손녀로 보이는 어린아이가 내렸다. 그런데 두 사람을 내려놓은 버스는 한참 동안 움직이지 않았다. 빨리 집으로 돌아가고 싶었던 승객들은 웅성거리며 의아한 눈으로 버스 앞쪽을 바라보았다. 그런데 그 앞에는 환하게 비치는 버스 불빛을 받으며 미끄러운 눈길을 조심조심, 손잡고 걷는 두 사람이 있었다. 그제야 운전기사의 의도를 알게 된 승객들은 모두 웃었다.

① 냉소   ② 대소   ③ 미소   ④ 실소   ⑤ 폭소

중심 내용 쓰기

04 이 글의 중심 내용을 한 문장으로 완성해 보세요.

웃음은 여러 상황에서 발생하며 ✎ _____를 갖는데, 부정적인 의미를 갖는 웃음보다 ✎ _____인 의미를 갖는 웃음으로 웃자.

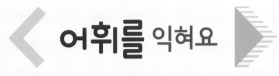
01 다음 낱말의 뜻을 찾아 바르게 연결해 보세요.

1 예기하다 •

2 업신여기다 •

3 누그러뜨리다 •

• **ㄱ** 얕보거나 하찮게 여기다.

• **ㄴ** 앞으로 닥쳐올 일에 대하여 미리 생각하고 기다리다.

• **ㄷ** 흥분되어 있던 사람의 감정이나 태도를 약하거나 부드럽게 하다.

02 제시된 뜻과 예문을 참고하여 다음 초성에 해당하는 낱말을 빈칸에 쓰세요.

1 ㅎ ㅌ 하다: 몸에 기운이 빠지고 정신이 멍하다.

예 역전패를 당하자 선수들은 (   )한 마음에 경기장을 떠나지 못하였다.

2 ㅇ ㅂ 하다: 어떤 사건이나 현상을 일어나게 하다.

예 디지털 학습 교구는 학생들의 학습 동기를 (   )한다.

3 ㅇ ㅈ : 어떠한 사실을 이성이나 감각을 통하여 분명히 아는 것

예 사물을 분별하여 알 수 있는 능력을 (   ) 능력이라고 한다.

03 다음 문장에 들어갈 알맞은 낱말을 **보기** 에서 찾아 쓰세요.

보기

기능   면역   비난하다   체념하다

1 전염병에 [   ][   ]이 되기 위해 예방 주사를 맞는다.

2 그녀는 모든 것을 잃은 상황에서도 결코 [   ][   ]하지 않았다.

17 부채 이야기

① 더운 여름에 우리가 일상적으로 사용하는 부채는 오랜 역사와 함께한 물건이다. 지금까지 발견된 부채 중에서 가장 오래된 것은 약 3,000년 전의 것으로, 이집트 왕의 무덤인 피라미드에서 나왔다. 이 부채는 황금색 봉에 타조 깃털이 꽂힌 모양으로 더위를 쫓는 데 쓰기보다는 왕의 힘을 표현하는 데 썼다고 한다. 우리나라에서 발견된 가장 오래된 부채는 약 2,000년 전에 만들어졌다고 알려진 다호리 고분에서 나왔다. 또 『삼국사기』라는 책에는 고려의 왕이 된 태조가 부채를 선물 받았다는 내용이 나온다.

② 우리나라의 부채 중에서 특히 고려 시대의 부채는 아름답고 신기한 부채라고 중국의 책에 적힐 정도였다. 합죽선이라 불린 이 부채는 대나무 껍질을 합쳐 부챗살을 만들고 그 위에 종이를 붙인 것이다. 부챗살의 수가 많아 부채가 반달 모양으로 쫙 펼쳐졌다. 합죽선은 중국과 일본으로 수출되거나 선물로 보내졌고, 많은 사람들이 합죽선을 좋아했다. 조선 시대의 부채는 더 다양해지고 화려해졌다. 거북의 등껍질, 물소의 뿔 등을 사용하여 부채를 만들었고, 값비싼 장식품을 부채에 달기도 하였다. 이렇듯 아름답고 사치스러운 부채는 왕족과 양반들에게 큰 인기를 끌었다.

③ 우리나라의 부채는 그 쓰임새가 다양했다. 여름에 더위를 막기 위해 사용하는 것은 물론 겨울에는 찬바람과 먼지를 막기 위해 사용하기도 했다. 결혼식에서 신랑과 신부의 얼굴을 가리는 용도로 쓰기도 했고, 양반 가문에서 사람이 죽었을 때 아무 장식이 없는 하얀 부채를 들어 예를 갖추는 용도로 쓰기도 했다. 또 부채에 그림을 그리거나 글씨를 써서 다른 사람에게 선물하기도 했으며, 궁중에서는 연회가 열릴 때 무대에 서는 무용수들이 춤을 추며 부채를 사용하기도 했다.

④ 이처럼 우리나라에서는 여러 사람들이 다양한 용도로 부채를 사용했다. 그런데 유럽에서는 주로 여성들이 부채를 사용했다고 한다. 유럽의 여성들은 멋을 위해 부채를 들었고, 이 부채를 통해 자신의 의사를 표현하기도 했다. 귀족 여성이 부채를 접는지, 펼치는지에 따라서 표현하는 의미가 달랐다. 그뿐만 아니라 얼굴의 어디에 부채를 갖다 대는지에 따라서도 의미가 달라졌다. 예를 들어 부채를 왼쪽 뺨에 가져다 대는 것은 '아니요.'라는 뜻을, 오른쪽 뺨에 가져다 대는 것은 '네.'라는 뜻을 지닌 행동이었다. 다양한 의미를 직접 말하지 않고 부채로 전했던 것이다. 그래서 부채로 의사를 표현하는 방법을 가르치는 학교까지 있었다고 한다. 동서양을 막론하고 부채는 단순히 더위를 쫓는 도구가 아니었던 셈이다.

◆ **고분**: 옛날에 만들어진 무덤
◆ **사치스러운**: 필요 이상의 돈이나 물건을 쓰거나 분수에 지나친 생활을 하는 데가 있는
◆ **용도**: 쓰이는 길. 또는 쓰이는 곳
◆ **가문**: 가족 또는 가까운 일가로 이루어진 공동체
◆ **연회**: 축하, 위로, 환영 따위를 위하여 여러 사람이 모여 베푸는 잔치
◆ **막론하고**: 이것저것 따지고 가려 말하지 아니하고

❱❱ 글 내용 한눈에 보기 •••

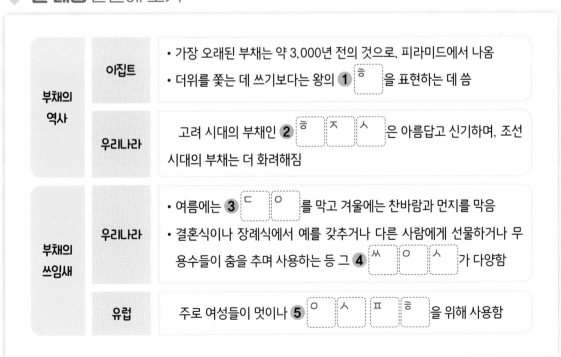

부채의 역사	이집트	• 가장 오래된 부채는 약 3,000년 전의 것으로, 피라미드에서 나옴 • 더위를 쫓는 데 쓰기보다는 왕의 **1** ㅎ 을 표현하는 데 씀
	우리나라	고려 시대의 부채인 **2** ㅎ ㅈ ㅅ 은 아름답고 신기하며, 조선 시대의 부채는 더 화려해짐
부채의 쓰임새	우리나라	• 여름에는 **3** ㄷ ㅇ 를 막고 겨울에는 찬바람과 먼지를 막음 • 결혼식이나 장례식에서 예를 갖추거나 다른 사람에게 선물하거나 무용수들이 춤을 추며 사용하는 등 그 **4** ㅆ ㅇ ㅅ 가 다양함
	유럽	주로 여성들이 멋이나 **5** ㅇ ㅅ ㅍ ㅎ 을 위해 사용함

글을 이해해요

내용 이해

01 부채에 대한 설명이 맞으면 ○, 틀리면 ✕ 표시를 하세요.

1 우리나라에서 가장 오래된 부채는 옛 무덤에서 발견되었다. [○ / ✕]

2 세계에서 가장 오래된 부채는 더위를 쫓는 용도로 사용되었다. [○ / ✕]

내용 이해

02 부채에 관한 설명으로 알맞은 것끼리 선으로 연결하세요.

1 유럽의 부채 •

2 고려 시대의 부채 •

3 조선 시대의 부채 •

• ㄱ 부채로 자신의 의사를 표현하였다.

• ㄴ 값비싼 장식품을 달아 아름답고 사치스러웠다.

• ㄷ 신기하고 아름답다고 중국의 책에도 쓰일 정도였다.

내용 추론

03 우리나라에서 부채가 쓰인 상황이 아닌 것은 무엇일까요? [✎   ]

① 죽은 사람에 대한 예의를 표할 때
② 결혼식에서 신랑과 신부의 얼굴을 가릴 때
③ 궁궐에서 열린 연회에서 무용수가 춤출 때
④ 양반 가문의 여성들이 자신의 의사를 표현할 때
⑤ 그림을 그리거나 글씨를 써서 다른 사람에게 선물할 때

중심 내용 쓰기

04 이 글의 중심 내용을 한 문장으로 완성해 보세요.

오랜 역사와 함께해 온 ✎＿＿＿＿＿＿는 그 ✎＿＿＿＿＿＿가 다양하였다.

어휘를 익혀요

01 다음 낱말의 뜻을 찾아 바르게 연결해 보세요.

1 가문 •　　　　　• **ㄱ** 옛날에 만들어진 무덤

2 고분 •　　　　　• **ㄴ** 날마다 볼 수 있는. 또는 그런 것

3 일상적 •　　　　　• **ㄷ** 가족 또는 가까운 일가로 이루어진 공동체

02 제시된 뜻과 예문을 참고하여 다음 초성에 해당하는 낱말을 빈칸에 쓰세요.

1 ㅇ ㄷ : 쓰이는 길. 또는 쓰이는 곳

　예 집에서 쓰는 도구를 (　　　　　　)에 따라 구분하였다.

2 ㅁ ㄹ 하다: 이것저것 따지고 가려 말하지 아니하다.

　예 그 노래는 남녀노소를 (　　　　　　)하고 모두가 좋아한다.

3 ㅅ ㅊ 스럽다: 필요 이상의 돈이나 물건을 쓰거나 분수에 지나친 생활을 하는 데가 있다.

　예 (　　　　　　)스러운 생활을 하지 말고 분수에 맞는 생활을 해야 한다.

03 다음 문장에 들어갈 알맞은 낱말을 보기 에서 찾아 쓰세요.

보기

　　　연회　　　　의사　　　　발견되다　　　　수출되다

1 국내에서 생산되는 제품이 전세계로 □ □ 되고 있다.

2 삼촌의 결혼을 축하하기 위해 많은 사람들이 □ □ 에 참석하였다.

18 바다 밖으로 나온 산

1 히말라야(Himalaya)산맥의 히말라야는 '눈'이라는 뜻의 히마(Hima)와 '사는 곳'이라는 뜻의 알라야(alaya)가 합쳐진 말이다. 말 그대로 눈이 머무는 곳이라는 뜻인데, 1년 내내 눈이 녹지 않아 매우 추운 곳이다. 게다가 히말라야산맥은 '세계의 지붕'이라고 불릴 정도로 어마어마한 높이를 자랑한다. 히말라야산맥을 이루는 산의 높이는 보통 7~8,000 m이고 8,000 m가 넘는 봉우리만 14개가 있다고 한다. 우리나라에서 가장 높은 산인 한라산의 높이가 1,950 m이니 그 높이를 짐작하기조차 어렵다.

2 높이가 8,848 m로 세계에서 가장 높은 산인 에베레스트산도 히말라야산맥에 있다. 그런데 에베레스트산에서 조개나 산호 같은 바다 생물의 화석이 발견되었다면 믿을 수 있을까? 화석이란 옛날에 살았던 동물이나 식물의 몸, 뼈 등의 흔적이 땅속에 묻혀 굳어진 것이다. 멸치를 예로 들어 보자. 멸치는 죽으면 바다의 모래 속에 묻힌다. 이후에 모래나 진흙은 계속 쌓이고, 점점 무거워져서 죽은 멸치를 누른다. 멸치의 부드러운 부분은 썩어 사라지고, 뼈처럼 단단한 부분은 모래나 진흙에 흔적을 남기게 되는데, 이것이 바로 화석이다.

3 땅 위에 있는 산 중에서도 가장 높다는 에베레스트산인데 어떻게 여기에 바다 생물의 화석이 있다는 것일까? 에베레스트산이 원래는 바닷속에라도 있던 것일까? 정답이다. 바닷속에 있던 에베레스트산이 땅 위로 올라오게 된 이유를 이해하려면 우선 '판'이 무엇인지 알아야 한다. 사실 지구의 겉 부분은 하나의 큰 땅으로 이루어져 있지 않고, '판'이라고 불리는 여러 조각으로 나뉘어 있다. 판은 고정되어 있지 않고 움직이는 층 위에 떠 있다고 보면 되는데, 그러다 보니 판의 모양이나 위치는 조금씩 변하고 있다. 에베레스트산도 이런 판의 움직임 때문에 바닷속에 있다가 땅 위로 올라오게 된 것이다.

④ 히말라야산맥은 인도-오스트레일리아판이 북쪽으로 이동하다가 유라시아판과 부딪히면서 두 판이 충돌한 면이 위로 솟구쳐 만들어진 것이다. 인도-오스트레일리아판과 유라시아판 사이에는 바다가 있었는데, 두 판이 충돌하면서 이 바다 아래의 땅도 솟아올라 산이 되었다. 그래서 히말라야산맥에서 바다 생물의 화석이 발견되는 것이다. 히말라야산맥 아래에 있는 인도-오스트레일리아판은 지금도 움직이고 있다. 그래서 히말라야산맥도 1년에 약 5 cm씩 높아지고 있다고 한다.

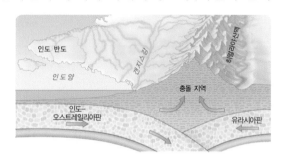

◆ **머무는**: 일정한 장소에 떠나지 않고 있는

◆ **게다가**: 그러한 데다가

◆ **산호**: 따뜻하고 얕은 바닷속 바위에 붙어 사는, 나뭇가지 꼴의 동물. 또는 그 동물이 죽어서 남긴, 보석으로 사용되는 빨간 빛깔의 단단한 뼈

◆ **판**: 지구의 겉 부분을 둘러싸는 암석 판

◆ **솟구쳐**: 아래에서 위로 세차게 솟아올라

❤ 글 내용 한눈에 보기 •••

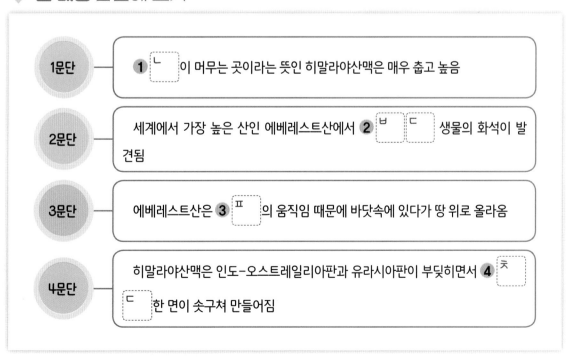

1문단 — ❶ [ㄴ]이 머무는 곳이라는 뜻인 히말라야산맥은 매우 춥고 높음

2문단 — 세계에서 가장 높은 산인 에베레스트산에서 ❷ [ㅂ][ㄷ] 생물의 화석이 발견됨

3문단 — 에베레스트산은 ❸ [ㅍ]의 움직임 때문에 바닷속에 있다가 땅 위로 올라옴

4문단 — 히말라야산맥은 인도-오스트레일리아판과 유라시아판이 부딪히면서 ❹ [ㅊ][ㄷ]한 면이 솟구쳐 만들어짐

내용 이해

01 히말라야산맥에 대한 설명이 맞으면 ◯, 틀리면 ✕ 표시를 하세요.

1 히말라야산맥에 있는 에베레스트산은 한라산보다 4배 이상 높다. [◯ / ✕]

2 현재는 판이 고정되어 히말라야산맥은 더 이상 높아지고 있지 않다. [◯ / ✕]

내용 이해

02 이 글에서 알 수 있는 내용이 <u>아닌</u> 것은 무엇인가요? [🖉]

① 히말라야산맥에는 매우 높은 산들이 많다.
② 현재도 히말라야산맥에는 바다 생물이 살고 있다.
③ 판과 판이 부딪히면 충돌한 면이 솟아오르기도 한다.
④ 히말라야산맥에서는 1년 내내 눈이 거의 녹지 않는다.
⑤ 에베레스트산은 히말라야산맥에 있는 산 중에서 가장 높다.

내용 추론

03 화석이 만들어지는 과정에 맞게 ㄱ ~ ㄷ의 기호를 차례대로 쓰세요.

생물이 죽음

생물의 단단한 부분이
모래나 진흙에 흔적을 남김

모래나 진흙이 계속
쌓이면서 죽은 생물을 누름

```
┌─────────┐     ┌─────────┐     ┌─────────┐
│         │  ➡  │         │  ➡  │         │
└─────────┘     └─────────┘     └─────────┘
```

중심 내용 쓰기

04 이 글의 중심 내용을 한 문장으로 완성해 보세요.

히말라야산맥에서 🖉 _____ 의 화석이 발견된 이유는 🖉 _____
때문에 히말라야산맥이 🖉 _____ 에 있다가 땅 위로 올라왔기 때문이다.

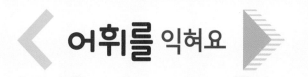

01 다음 낱말의 뜻을 찾아 바르게 연결해 보세요.

1 머물다 •　　　　　• **ㄱ** 서로 맞부딪치거나 맞서다.

2 고정되다 •　　　　　• **ㄴ** 일정한 장소에 떠나지 않고 있다.

3 충돌하다 •　　　　　• **ㄷ** 한곳에 꼭 붙어 있거나 붙어 있게 되다.

02 제시된 뜻과 예문을 참고하여 다음 초성에 해당하는 낱말을 빈칸에 쓰세요.

1 ㄱ ㄷ ㄱ : 그러한 데다가

㉠ 수영이는 공부도 잘하고 (　　　　　) 운동도 잘한다.

2 ㅂ ㅇ ㄹ : 산에서 뾰족하게 높이 솟은 부분

㉠ 산의 제일 높은 (　　　　　)까지 얼마 안 남았다.

3 ㅅ ㄱ 치다 : 아래에서 위로 세차게 솟아오르다.

㉠ 분화구에서 뜨거운 용암이 (　　　　　)쳐 올랐다.

03 다음 문장에 들어갈 알맞은 낱말을 보기에서 찾아 쓰세요.

보기

눈　　　판　　　산호　　　진흙

1 지구의 겉은 크고 작은 10여 개의 ☐ 이 모자이크 모양을 이루고 있다.

2 바닷속 ☐ ☐ 들이 기후 문제 때문에 알록달록한 색깔을 잃어 가고 있다.

19 조선은 모자의 왕국

1 조선 시대의 모자는 무척 다양했다. 대체로 성별과 신분, 상황에 따라 다른 모자를 썼다. 조선 시대에 남자와 여자가 쓴 다양한 모자에 대해 살펴보자.

2 먼저 여자들은 조바위, 너울, 전모 등을 썼다. 조바위는 조선 후기에 양반 여자부터 상민 여자까지 널리 사용했다. 정수리는 뚫려 있었고, 이마와 귀, 머리를 덮을 수 있도록 만들어져 추위를 막을 수 있었다. 앞뒤에 술이나 보석 장식을 달기도 했다. 너울은 양반 여자들이 외출할 때 얼굴을 가리기 위해 썼다. 갓 위에 천을 씌운 형태이며, 눈 부분에는 밖을 내다볼 수 있도록 비치는 옷감이 덧대어져 있었다. 전모는 주로 신분이 낮은 여자들이 외출할 때 썼다. 우산처럼 펼쳐진 대나무 테두리에 한지를 붙여 만들었다. 안에는 머리에 쓰기 편하도록 맞춘 테가 있고, 끈이 달려 있었다.

3 남자들은 초립, 익선관, 사모, 흑립 등을 썼다. 초립은 신분의 구분 없이 사용되었으나 주로 혼례를 치르지 않은 소년이 썼다. 누런 빛깔의 가는 대를 엮어서 만들었으며, 머리보다 작았기 때문에 머리 위에 얹어서 썼다. 익선관은 조선 시대의 왕이나 세자가 나라를 돌보고 신하들을 다스릴 때 썼다. 날개 모양의 판 2개가 위쪽을 향해 달려 있는데, 이는 하늘을 의미한다. 익선관은 세종 때 처음 쓰기 시작했다. 사모는 관리들이 관복을 갖추어 입을 때 함께 썼다. 가늘게 쪼갠 대나무를 엮은 후 그 위에 검은색으로 칠을 해서 만들었다.

모자 뒤 양옆에 날개 모양의 판이 2개 붙어 있다. 이후에 상민 남자들이 혼례를 올릴 때 쓰기도 했다. 흑립은 양반 남자들만 쓸 수 있었으며, 흔히 '갓'이라고 부른다. 주로 말총이나 가늘게 쪼갠 대나무를 엮고, 그 위에 검은색으로 칠을 해서 만들었다. 옥이나 수정 등으로 장식한 끈을 달기도 했다.

4️⃣ 이렇듯 다양한 모자가 있었기에 조선은 '모자의 나라'로 불렸다. 프랑스의 한 민속학자는 "조선은 모자의 왕국이다. 종류가 다양하고 여러 쓰임새가 있는 조선의 모자 패션은 파리 사람들도 꼭 알아 둘 필요가 있다."라고 했다. 또 다른 프랑스 사람은 "조선 모자의 모든 모양을 전부 나열한다는 것은 불가능한 일이다. 조선 모자의 종류는 약 4,000종에 가까울 것이다."라는 말을 남겼다. 이처럼 조선 시대의 모자는 외국 사람에게까지 큰 관심을 끌었다.

◆ **상민**: 옛날에, 양반이 아닌 보통 백성
◆ **정수리**: 머리의 꼭대기 부분
◆ **한지**: 닥나무 껍질로 만든 한국 종이
◆ **테**: 둘레를 두른 물건
◆ **대**: 식물의 줄기
◆ **관복**: 옛날에, 관리가 공적으로 입던 옷
◆ **말총**: 말의 갈기나 꼬리의 털

≫ 글 내용 한눈에 보기 ●●●

조선 시대의 ❶ ㅁ ㅈ 는 다양했음

조선 시대 ❷ ㅇ ㅈ 들의 모자
조바위, 너울, 전모 등을 썼음

조선 시대 ❸ ㄴ ㅈ 들의 모자
초립, 익선관, 사모, 흑립 등을 썼음

다양한 모자가 있던 ❹ ㅈ ㅅ 은 '모자의 나라'로 불림

01 내용 이해

조선 시대의 모자에 대한 설명이 맞으면 ○, 틀리면 ✕ 표시를 하세요.

1 조선 후기 상민 여자들은 조바위를 쓸 수 없었다. [○ / ✕]

2 흔히 '갓'이라고 부르는 흑립은 옥으로 장식한 끈을 달기도 하였다. [○ / ✕]

02 내용 이해

다음은 조선 시대의 모자를 정리한 것입니다. 빈칸에 들어갈 알맞은 말을 쓰세요.

	조바위	양반 여자부터 상민 여자까지 널리 씀
여자의 모자	너울	양반 여자들이 ❶ [ ]할 때 씀
	❷ [ ]	주로 신분이 낮은 여자들이 외출할 때 씀
남자의 모자	초립	주로 ❸ [ ]를 치르지 않은 소년이 씀
	익선관	❹ [ ]이나 세자가 나라를 돌볼 때 씀
	❺ [ ]	관리들이 관복을 갖추어 입을 때 씀
	흑립	양반들만 쓰던 모자임

03 내용 추론

이 글을 이해한 내용으로 알맞지 않은 것은 무엇일까요? [✎   ]

① 초립을 쓴 것만 보고는 신분을 알 수 없군.

② 세종 이전의 왕들은 익선관을 쓰지 않았겠군.

③ 전모는 안에 머리에 쓰기 편하도록 맞춘 테가 있었군.

④ 양반 여자들은 외출할 때 너울을 써서 밖을 볼 수 없었겠군.

⑤ 상민 남자들은 혼례를 올릴 때 관리들이 쓰는 사모를 쓰기도 하였군.

04 중심 내용 쓰기

이 글의 중심 내용을 한 문장으로 완성해 보세요.

조선이 '모자의 나라'로 불릴 정도로 ✎ _____

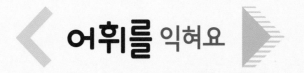
01 다음 낱말의 뜻을 찾아 바르게 연결해 보세요.

1 엮다 •

2 덧대다 •

3 나열하다 •

• **ㄱ** 대어 놓은 것 위에 겹쳐 대다.

• **ㄴ** 비슷한 것들을 차례대로 죽 벌여 늘어놓다.

• **ㄷ** 노끈이나 새끼 따위의 여러 가닥을 얽거나 이리저리 어긋매어 어떤 물건을 만들다.

02 제시된 뜻과 예문을 참고하여 다음 초성에 해당하는 낱말을 빈칸에 쓰세요.

1 ㄷ : 식물의 줄기

　예 이 식물은 (　　　　　)가 굵고 잎이 많다.

2 ㅈ ㅅ ㄹ : 머리의 꼭대기 부분

　예 한낮의 햇볕에 (　　　　　)가 뜨거워졌다.

3 ㅎ ㅈ : 닥나무 껍질로 만든 한국 종이

　예 할아버지께서 (　　　　　)에 붓글씨를 쓰셨다.

03 다음 문장에 들어갈 알맞은 낱말을 **보기**에서 찾아 쓰세요.

보기

관복　　　상민　　　양반　　　혼례

1 춘향과 몽룡은 [　　　]를 치르고 오래오래 행복하게 살았다.

2 영의정은 임금의 부름에 서둘러 [　　　]을 입고 궁에 들어왔다.

3 과거에 [　　　]의 신분으로 벼슬자리에 오르는 일은 무척 드물었다.

융건릉을 다녀와서

❶ 오늘은 아빠와 융건릉에 다녀왔다. 설레는 내 마음을 아는지 파란 하늘이 빛나는 따뜻한 봄날이었다. 얼마 전 책에서 정조에 대한 내용을 읽고 아빠에게 관련된 이야기를 여쭈어 보았다. 아빠는 멀지 않은 곳에 사도세자와 정조의 묘가 있으니 주말에 함께 역사 탐방을 가 보자고 하셨다. 융건릉으로 가는 차 안에서 아빠는 융건릉은 융릉과 건릉을 합쳐 부르는 명칭인데, 융릉에는 사도세자와 혜경궁 홍씨가, 건릉에는 정조와 효의왕후가 함께 묻혀 있다고 설명해 주셨다. ㉠아버지와 아들의 무덤이 같은 곳에 있다니 신기하였다. 마치 역사 선생님이 된 것 같은 아빠의 설명을 듣다 보니 어느덧 융건릉 입구에 도착하였다.

❷ 도착해서 처음 본 건물은 재실이었다. 이곳은 제사를 준비하는 곳이라고 하는데, 옛날 한옥처럼 생겼다. 문을 열고 들어가니 향나무가 마당 중앙에 있었다. ㉡이 나무는 제사 준비에 필요한 나무라고 한다. 그리고 천연기념물로 지정되었다는 개비자나무도 보았다. 비자나무와 비슷하게 생겨서 '개비자'라는 이름이 붙었다고 하는데, 잎의 모양이 머리빗 모양을 닮아 신기하였다.

❸ 재실에서 나와 10분쯤 걸으니 갈림길에 다다랐다. 안내판에는 갈림길의 오른쪽은 융릉으로, 왼쪽은 건릉으로 표시되어 있었다. 우리는 함께 걷고 있던 사람들을 따라 먼저 융릉으로 향했다. ㉢바람에 살랑거리는 연둣빛 잎 너머로 쏟아지는 햇살을 보며 나무 사이를 걸으니 기분까지 상쾌해졌다. 저 멀리 눈앞에 융릉이 보이기 시작했다. 능 앞으로 펼쳐진 푸른 잔디밭과 능 주변으로 늘어선 소나무들이 참 멋있었다. 그곳에서 만난 문화 해설사는 원래 사도세자의 묘가 동대문 밖 배봉산에 있었는데, 아들인 정조가 현재의 자리로 옮기고 '현륭원'으로 이름 지었다고 하였다. '현륭원'은 융릉의 옛 이름이다. 그리고 정조는 생전에 화성을 자주 찾아 아버지의 묘를 가꾸는 일에 정성을 다했을 뿐만 아니라, '용주사'라는 절을 세워 아버지의 극락왕생을 빌었다고 설명해 주셨다. 융릉 부근에는 '곤신지'라는 둥그런 연못도 있었다. 이것은 용의 여의주를 본떠 만든 것으로, 조선 왕릉에서는 보기 드문 형태의 연못이라고 한다. 해설사의 설명을 들으며 정조가 아버지를 얼마나 특별하게 생각하였는지 짐작할 수 있었다.

❹ 융릉을 뒤로한 채 우리는 건릉으로 발길을 돌렸다. 융릉에서 건릉으로 가는 길도 아름다운 숲길이 이어졌다. 푸른 나무와 길가의 작은 열매들을 구경하며 걷다 보니 어느새 건릉

에 도착하였다. 건릉의 모습은 융릉과 비슷한 구조를 갖추고 있었는데, 융릉에 비해 소박해 보였다. 건릉은 원래 정조의 유언에 따라 융릉 동쪽에 있었는데, 풍수지리상 좋지 않다는 이유로 정조의 부인 효의왕후가 승하하자 이곳에 함께 모셔졌다고 한다. ㄹ <u>아버지를 위하는 정조의 지극한 효심에 감동한 나는 정조의 능을 배경으로 기념사진을 찍었다.</u>

5 융건릉 탐방을 마치고 되돌아 나오며 나는 아빠의 손을 꼭 잡았다. 죽어서도 아버지와 함께하고 싶었던 정조의 마음을 생각하니 왠지 모르게 가슴이 뭉클해졌기 때문이다. 우리 앞으로 까치 두 마리가 총총 지나갔다. 나는 마치 그 모습이 함께 걷는 정조와 그의 아버지 사도세자의 모습 같았다. ㅁ <u>오늘 역사 탐방은 아빠와 함께해서 더 뜻깊은 시간이었다.</u>

◆ **능**: 임금이나 왕후의 무덤
◆ **생전**: 한 사람이 살아 있는 동안
◆ **극락왕생**: 불교에서 쓰는 말로, 죽어서 고통과 괴로움이 없는 세계에 다시 태어남
◆ **여의주**: 용의 턱 아래에 있는 신기한 구슬. 이것을 얻으면 무엇이든 뜻하는 대로 만들어 낼 수 있다고 함
◆ **풍수지리**: 사람의 행복과 불행을 땅의 형세나 방위와 관련지어 알아내는 것
◆ **승하하자**: (높이는 뜻으로) 임금이나 높은 사람이 세상을 떠나자

≫ 글 내용 한눈에 보기 ●●●

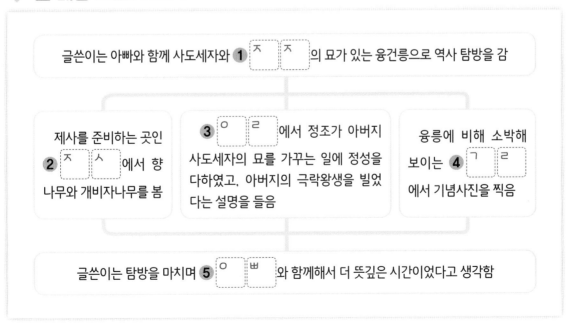

글쓴이는 아빠와 함께 사도세자와 **1** [ㅈ][ㅈ]의 묘가 있는 융건릉으로 역사 탐방을 감

제사를 준비하는 곳인 **2** [ㅈ][ㅅ]에서 향나무와 개비자나무를 봄

3 [ㅇ][ㄹ]에서 정조가 아버지 사도세자의 묘를 가꾸는 일에 정성을 다하였고, 아버지의 극락왕생을 빌었다는 설명을 들음

융릉에 비해 소박해 보이는 **4** [ㄱ][ㄹ]에서 기념사진을 찍음

글쓴이는 탐방을 마치며 **5** [ㅇ][ㅃ]와 함께해서 더 뜻깊은 시간이었다고 생각함

글을 이해해요

내용 이해

01 융건릉에 대한 설명이 맞으면 ○, 틀리면 ✕ 표시를 하세요.

1 융건릉은 융릉과 건릉을 합쳐 부르는 명칭이다. [○ / ✕]

2 건릉은 정조와 사도세자의 무덤으로, 융릉과 비슷한 구조를 갖추었다. [○ / ✕]

내용 이해

02 다음은 융건릉 탐방을 정리한 것입니다. 빈칸에 들어갈 알맞은 말을 쓰세요.

	보거나 들은 내용	느낀 점
재실	• 재실 마당에 **1** [　　　] 준비에 필요한 향나무가 있음 • 천연기념물로 지정된 개비자나무를 봄	개비자나무의 잎 모양이 머리빗 모양을 닮아 신기함
융릉	• 정조는 아버지의 묘를 가꾸는 일에 정성을 다했으며 아버지의 **2** [　　　]을 빌었음 • 융릉 부근에 여의주를 본떠 만든 '곤신지'라는 연못이 있음	정조가 아버지를 얼마나 특별하게 생각하였는지 짐작함
건릉	• 건릉은 융릉과 비슷한 구조를 갖추고 있음 • 건릉은 융릉 동쪽에 있었는데 **3** [　　　]상 좋지 않다는 이유로 옮겨짐	아버지를 위하는 정조의 지극한 **4** [　　　]에 감동함

내용 추론

03 ㄱ~ㅁ 중 내용의 성격이 <u>다른</u> 하나는 무엇일까요?　　　　　[✎　　　]

① ㄱ　　　　　　　② ㄴ　　　　　　　③ ㄷ

④ ㄹ　　　　　　　⑤ ㅁ

중심 내용 쓰기

04 이 글의 중심 내용을 한 문장으로 완성해 보세요.

글쓴이는 아빠와 함께 ✎[　　　　　]와 ✎[　　　　　]의 무덤이 있는 ✎[　　　　　]으로 역사 탐방을 다녀오면서 아버지 사도세자에 대한 정조의 지극한 ✎[　　　　　]에 감동하였다.

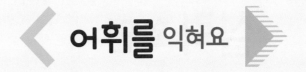

01 다음 낱말의 뜻을 찾아 바르게 연결해 보세요.

① 능 •　　• ㉠ 임금이나 왕후의 무덤

② 여의주 •　　• ㉡ 불교에서 쓰는 말로, 죽어서 고통과 괴로움이 없는 세계에 다시 태어남

③ 극락왕생 •　　• ㉢ 용의 턱 아래에 있는 신기한 구슬. 이것을 얻으면 무엇이든 뜻하는 대로 만들어 낼 수 있다고 함

02 제시된 뜻과 예문을 참고하여 다음 초성에 해당하는 낱말을 빈칸에 쓰세요.

① ｜ㅈ｜ㄱ｜하다: 어떤 대상에 쏟는 사랑이나 정성이 더할 나위 없다.

　예 동생은 고양이에 대한 사랑이 (　　　　　)하였다.

② ｜ㅌ｜ㅂ｜: 어떤 사실이나 소식 따위를 알아내기 위하여 사람이나 장소를 찾아감

　예 부모님은 시간이 날 때마다 맛집 (　　　　　)을 나가신다.

③ ｜ㅍ｜ㅅ｜ㅈ｜ㄹ｜: 사람의 행복과 불행을 땅의 형세나 방위와 관련지어 알아내는 것

　예 옛날에는 집을 지을 때 (　　　　　)를 따져 집터를 잡았다.

03 다음 문장에 들어갈 알맞은 낱말을 <보기>에서 찾아 쓰세요.

　보기

　　생전　　　효심　　　소박하다　　　승하하다

① 임금이 ［　　］하자 모든 백성이 슬퍼하였다.

② 심청이의 지극한 ［　　］에 하늘도 감동하였다.

③ 할아버지는 ［　　］에 고향 땅을 다시 보고 싶어 하셨다.

실력 확인

△ 글의 문단별 내용을 정리하고 주제를 써 보아요.

01 상대방을 배려하는 말하기

본문 8~9쪽

1문단 ☐☐☐☐☐인 말하기에 대한 문제 제기

2문단 상대방을 배려하는 말하기 ①: 상대방의 ☐☐와 기분을 고려하여 말하기

3문단 상대방을 배려하는 말하기 ②: 상대방에게 미칠 ☐☐을 고려하여 말하기

4문단 상대방을 배려하는 말하기 ③: 상대방의 말을 ☐☐하기

5문단 상대방을 배려하는 말하기에 대한 당부

✎**주제** 상대방을 ☐☐하는 말하기 방법

02 무엇을 보고 만들었나

본문 12~13쪽

1문단 새로운 것이라고 생각되지만 무엇인가를 보고 만든 ☐☐

2문단 ☐☐ 피부의 돌기를 본떠 만든 전신 수영복

3문단 도꼬마리 열매의 가시를 본떠 만든 ☐☐☐

4문단 ☐☐의 표면을 본떠 만든 방수복과 김 서림 방지 필름

5문단 ☐☐을 본떠 만든 많은 발명품

✎**주제** ☐☐☐을 본떠 만든 세 가지 발명품

03 작지만 큰 나라

본문 16~17쪽

1문단 전 세계에서 크기가 가장 큰 ☐☐☐와 인구가 가장 많은 ☐☐

2문단 ☐☐가 가장 적은 바티칸 시국

3문단 바티칸 시국이 생기게 된 역사적 과정

4문단 오늘날 ☐☐☐☐☐의 위상

✎**주제** 전 세계에서 가장 작지만 전 세계에 큰 영향을 미치는 나라인 ☐☐☐☐

4 사려 깊은 노랑 물고기

본문 20~21쪽

① 문단 [ ][ ]에 불이 나자 도망가자는 노랑 물고기와 이를 듣지 않는 다른 물고기들

② 문단 사람들이 [ ]을 끄느라 퍼내면서 빠르게 줄어든 연못의 물

③ 문단 연못의 물이 바닥나자 [ ][ ]들에게 잡힌 물고기들

④ 문단 [ ][ ] 깊은 태도에 대한 당부

✎ 주제 [ ][ ] 깊은 태도의 중요성

5 천 살이 넘은 축구

본문 24~25쪽

① 문단 삼국 시대부터 있었던, 축구와 비슷한 놀이인 [ ][ ]

② 문단 축국을 했던 사람들과 축국의 놀이 방법

③ 문단 발해와 통일 신라 시대에 축국보다 인기 있었던 [ ][ ]

④ 문단 고려 시대에 [ ][ ]들도 즐긴 축국

⑤ 문단 조선 시대에 거의 하지 않게 된 축국과 [ ][ ] 사람들이 가르쳐 준 오늘날의 축구

✎ 주제 축국과 격구를 통해 본 [ ][ ]의 역사

6 어른은 못 듣는 소리

본문 28~29쪽

① 문단 피아노 [ ][ ]의 개수에 대한 의문

② 문단 [ ][ ][ ][ ]의 뜻과 피아노 건반의 개수가 88개인 이유

③ 문단 [ ][ ]에 따라 달라지는 가청 주파수

④ 문단 나이에 따라 가청 주파수가 달라지는 [ ][ ]

✎ 주제 [ ][ ][ ][ ]의 범위 및 가청 주파수가 나이에 따라 달라지는 이유

실력 확인

본문 32~33쪽

07 도자기를 만드는 과정

- **1문단** 도자기를 만드는 일인 도자기 ☐☐
- **2문단** 도자기를 만드는 과정 ①: ☐☐ 만들기
- **3문단** 도자기를 만드는 과정 ②: ☐☐ 만들기
- **4문단** 도자기를 만드는 과정 ③: ☐☐ 하기
- **5문단** 도자기를 만드는 과정 ④: ☐☐
- **6문단** ☐☐☐ 높은 도자기를 만들기 위한 방법

✏️ **주제** ☐☐☐를 만드는 과정

08 초등학생의 휴대 전화 사용은 바람직한가

본문 36~37쪽

- **1문단** ☐☐ 및 토론 방법
- **2문단** ☐☐ 측의 주장과 근거
- **3문단** ☐☐ 측의 주장과 근거
- **4문단** 반대 측 입장의 ☐☐의 의견
- **5문단** 찬성 측 입장의 청중의 의견

✏️ **주제** 초등학생의 휴대 전화 사용에 관한 찬반 ☐☐

09 너는 무슨 형이야?

본문 40~41쪽

- **1문단** ☐☐☐☐식에 따라 네 가지로 구분되는 혈액형
- **2문단** 혈액형 유전자 ☐, ☐, ☐의 조합으로 정해지는 혈액형
- **3문단** 혈액형 유전자 조합의 구체적 사례
- **4문단** ☐☐☐☐☐식에 따라 양성과 음성으로 구분되는 혈액형
- **5문단** 혈액형을 알아야 하는 이유와 ☐☐의 중요성

✏️ **주제** 혈액형 ☐☐☐의 조합에 따라 정해지는 혈액형

본문 바로가기

10 계절마다 변해요

본문 44~45쪽

①문단 계절에 따라 변화가 큰 우리나라의 ☐☐

②문단 계절에 따른 ☐☐ 차이

③문단 계절에 따른 ☐☐☐ 차이

④문단 ☐☐ 에 따른 기온과 강수량 차이

✎**주제** ☐☐ 과 지역에 따른 우리나라의 기후

11 개미와 꿀벌, 이렇게 산다

본문 48~49쪽

①문단 의사소통을 하는 ☐☐

②문단 무리를 지어 살며 ☐☐ 을 하는 개미

③문단 ☐☐☐ 과 소리를 이용하여 생각을 전달하는 개미

④문단 무리를 지어 살며 분업을 하는 ☐☐

⑤문단 ☐ 을 이용하여 생각을 전달하는 꿀벌

⑥문단 ☐☐☐☐ 과 분업을 통해 무리 생활을 유지하는 개미와 꿀벌

✎**주제** 개미와 꿀벌이 ☐☐ 생활을 하는 방법

12 조선 시대의 통신 수단

본문 52~53쪽

①문단 조선 시대의 중요한 ☐☐ 수단이었던 봉수와 파발

②문단 봉수대에 ☐☐ 나 불을 피워 소식을 전하던 봉수

③문단 사람이 걷거나 ☐ 을 타고 가서 소식을 전하던 파발

④문단 봉수와 파발의 ☐☐☐

✎**주제** 조선 시대의 통신 수단인 ☐☐ 와 ☐☐ 의 구체적인 방법과 장단점

실력 확인

13 스티븐 호킹 박사 이야기

본문 56~57쪽

1 문단 삶의 고난을 극복하고 ☐☐을 남긴 스티븐 호킹

2 문단 별과 우주에 관심이 많았으며 ☐☐☐가 되고 싶었던 스티븐 호킹

3 문단 ☐☐병이라는 진단을 받지만 연구를 계속한 스티븐 호킹

4 문단 ☐☐에 대한 새로운 이론을 발표하고 영국 왕립 학회의 일원이 된 스티븐 호킹

5 문단 ☐☐를 잃은 후에도 여러 권의 책을 쓴 스티븐 호킹

6 문단 어떤 ☐☐에도 굽히지 않는 의지로 사람들에게 감동을 준 스티븐 호킹

주제 ☐☐☐☐ 박사의 삶과 업적

14 아플 때 먹는 세계의 음식

본문 60~61쪽

1 문단 우리나라에서 감기에 걸렸을 때 먹는 ☐☐과 생강차

2 문단 러시아에서 감기에 걸렸을 때 먹는 ☐☐☐☐

3 문단 ☐☐☐에서 감기에 걸렸을 때 먹는 양파 우유

4 문단 미국에서 감기에 걸렸을 때 먹는 ☐☐☐☐ 수프

5 문단 싱가포르에서 감기에 걸렸을 때 먹는 ☐☐☐☐과 생강이 들어간 죽

6 문단 각 나라의 ☐☐와 자연환경에 따라 다른 음식 문화

주제 세계 여러 나라에서 ☐☐에 걸렸을 때 먹는 음식의 특징과 효능

본문
바로가기

15 건강 지킴이, 세로토닌과 멜라토닌

본문 64~65쪽

❶문단 [ ][ ]에 영향을 주는 세로토닌과 멜라토닌

❷문단 [ ][ ][ ]과 [ ][ ][ ][ ]의 역할

❸문단 세로토닌이나 멜라토닌 [ ][ ]이 건강에 미치는 영향

❹문단 세로토닌이나 멜라토닌이 부족한 경우 건강을 지키는 방법

❺문단 규칙적인 [ ][ ][ ]의 중요성

✎주제 세로토닌과 멜라토닌의 역할 및 세로토닌이나 멜라토닌 부족이 [ ][ ]에 미치는 영향

16 웃음의 다양한 의미

본문 68~69쪽

❶문단 여러 상황에서 발생하며 다양한 의미를 가지는 [ ][ ]

❷문단 긍정적 의미를 갖는 웃음: 폭소, 대소, 너털웃음, 미소, [ ][ ][ ], 눈웃음

❸문단 부정적 의미를 갖는 웃음: 고소, 실소, [ ][ ], 비소, 냉소

❹문단 [ ][ ][ ]인 웃음의 중요성

✎주제 [ ][ ][ ] 상황과 [ ][ ][ ] 상황에서 나타나는 웃음의 의미

17 부채 이야기

본문 72~73쪽

❶문단 오랜 역사와 함께한 [ ][ ]

❷문단 [ ][ ] 시대의 부채와 [ ][ ] 시대의 부채

❸문단 [ ][ ][ ]가 다양했던 우리나라의 부채

❹문단 유럽에서 여성들이 멋이나 [ ][ ][ ]을 위해 사용한 부채

✎주제 부채의 [ ][ ]와 쓰임새

실력 확인

본문
바로가기

18 바다 밖으로 나온 산

본문 76~77쪽

❶문단 '☐☐☐☐'라는 말의 뜻과 히말라야산맥의 특징

❷문단 에베레스트산에서 발견된 바다 생물의 ☐☐

❸문단 ☐의 움직임 때문에 바닷속에 있다가 땅 위로 올라온 에베레스트산

❹문단 판과 판이 충돌하면서 ☐☐☐☐☐☐이 만들어진 과정

✐주제 히말라야산맥에서 ☐☐☐의 화석이 나온 이유

19 조선은 모자의 왕국

본문 80~81쪽

❶문단 다양했던 조선 시대의 ☐☐

❷문단 조선 시대 ☐☐들의 모자

❸문단 조선 시대 ☐☐들의 모자

❹문단 '☐☐☐☐☐'로 불린 조선

✐주제 ☐☐, 신분, 상황에 따라 구분하여 썼던 조선 시대의 다양한 모자

20 융건릉을 다녀와서

본문 84~85쪽

❶문단 ☐☐☐을 탐방하게 된 동기

❷문단 ☐☐에서 알게 된 내용

❸문단 ☐☐에서 알게 된 내용

❹문단 ☐☐에서 알게 된 내용

❺문단 융건릉 탐방에 대한 ☐☐

✐주제 ☐☐☐을 다녀와서 보고, 듣고, 느낀 내용

memo

memo

완자

공부력

정답과 해설

독해 ×

초등 국어

3B

3-4학년

책 속의 가접 별책 (특허 제 0557442호)

'정답과 해설'은 진도책에서 쉽게 분리할 수 있도록 제작되었으므로
유통 과정에서 분리될 수 있으나 파본이 아닌 정상 제품입니다.

ABOVE IMAGINATION

우리는 남다른 상상과 혁신으로
교육 문화의 새로운 전형을 만들어
모든 이의 행복한 경험과 성장에 기여한다

완자

공부력

초등 국어
독해 3 B

....

정답과 해설

완자

완자 **공부력** 가이드

완자 공부력 시리즈는
앞으로도 계속 출간될 예정입니다.

국어
맞춤법
바로 쓰기
1~2학년용
4책

쓰기력

전과목
어휘
1~6학년용
12책

전과목
한자
어휘
1~6학년용
12책

영어
파닉스
1~2학년용
2책

영어
영단어
3~6학년용
8책

어휘력

국어
독해
1~6학년용
12책

한국사
독해
인물편
3~6학년용
4책

한국사
독해
시대편
3~6학년용
4책

독해력

수학
계산
1~6학년용
12책

계산력

완자 공부력 시리즈로 공부 근육을 키워요!

매일 성장하는
초등 자기개발서
완자

공부력

학습의 기초가 되는 읽기, 쓰기, 셈하기와 관련된
공부력을 키워야 여러 교과를 터득하기 쉬워집니다.
또한 어휘력과 독해력, 쓰기력, 계산력을 바탕으로 한
'공부력'은 자기주도 학습으로 상당한 단계까지 올라갈 수
있는 밑바탕이 되어 줍니다. 그래서 매일 꾸준한 학습이
가능한 '**완자 공부력 시리즈**'로 공부하면 자기주도 학습이
가능한 **튼튼한 공부 근육**을 키울 수 있을 것이라 확신합니다.

효과적인 공부력 강화 계획을 세워요!

○ 학년별 공부 계획
내 학년에 맞게 꾸준하게 공부 계획을 세워요!

		1-2학년	3-4학년	5-6학년
기본	독해	국어 독해 1A 1B 2A 2B	국어 독해 3A 3B 4A 4B	국어 독해 5A 5B 6A 6B
	계산	수학 계산 1A 1B 2A 2B	수학 계산 3A 3B 4A 4B	수학 계산 5A 5B 6A 6B
	어휘	전과목 어휘 1A 1B 2A 2B	전과목 어휘 3A 3B 4A 4B	전과목 어휘 5A 5B 6A 6B
		파닉스 1 2	영단어 3A 3B 4A 4B	영단어 5A 5B 6A 6B
확장	어휘	전과목 한자 어휘 1A 1B 2A 2B	전과목 한자 어휘 3A 3B 4A 4B	전과목 한자 어휘 5A 5B 6A 6B
	쓰기	맞춤법 바로 쓰기 1A 1B 2A 2B		
	독해		한국사 독해 인물편 1 2 3 4	
			한국사 독해 시대편 1 2 3 4	

⊙ 시기별 공부 계획

학기 중에는 **기본**, 방학 중에는 **기본 + 확장**으로 공부 계획을 세워요!

방학 중			
학기 중			
기본			확장
독해	계산	어휘	어휘, 쓰기, 독해
국어 독해	수학 계산	전과목 어휘	전과목 한자 어휘
		파닉스(1~2학년) 영단어(3~6학년)	맞춤법 바로 쓰기(1~2학년) 한국사 독해(3~6학년)

예시 **초1 학기 중 공부 계획표** 주 5일 하루 3과목 (45분)

월	화	수	목	금
국어 독해	국어 독해	국어 독해	국어 독해	국어 독해
수학 계산	수학 계산	수학 계산	수학 계산	수학 계산
전과목 어휘	파닉스	전과목 어휘	전과목 어휘	파닉스

예시 **초4 방학 중 공부 계획표** 주 5일 하루 4과목 (60분)

월	화	수	목	금
국어 독해	국어 독해	국어 독해	국어 독해	국어 독해
수학 계산	수학 계산	수학 계산	수학 계산	수학 계산
전과목 어휘	영단어	전과목 어휘	전과목 어휘	영단어
한국사 독해 인물편	전과목 한자 어휘	한국사 독해 인물편	전과목 한자 어휘	한국사 독해 인물편

01 상대방을 배려하는 말하기

> **코칭Tip** 이 글은 상대방을 배려하는 말하기에 대한 글쓴이의 의견을 주장하는 글입니다. 상대방을 배려하는 말하기에 대한 글쓴이의 의견과 이를 뒷받침하는 내용이 무엇인지를 파악하며 글을 읽을 수 있도록 합니다.

❶ '하고 싶은 말을 모두 하면서 살면 얼마나 속이 시원할까?'라고 생각할 수 있다. 하지만 모든 사람들이 하고 싶은 말을 다 한다면 어떻게 될까? 과연 우리가 하고 싶은 말이 모두 옳고 바람직한 말일까? 우리가 하고자 하는 말 중에는 자기중심적인 말이 많다. 상대방을 배려하지 않는 자기중심적인 말하기는 경우에 따라 다른 사람의 마음에 상처를 줄 수 있다.
　　　　　　　　　　　자기중심적인 말하기의 문제점
▶ 자기중심적인 말하기에 대한 문제 제기

하하하, 준호야. 이번 시험도 꼴찌를 했니? 이번에는 공부도 많이 했다더니, 공부를 해도 별수 없구나.

안 그래도 속상한데, 영희 너는 그걸 꼭 집어서 말해야 속이 시원하니?

❷ 대화는 상대방과 마주 대하여 이야기를 주고받는 것이다. 따라서 대화의 기본은 상대방을 배려하며 듣고 말하는
　　　　　　　　　　　　　　대화의 뜻
것이다. 그렇다면 상대방을 배려하며 말하기 위해서는 어떻게 해야 할까? 첫째, 상대방의 처지와 기분을 파악하고, 이
　　　　　　　　　　　　　　중심 소재　　　　　　　　　　　　　　상대방을 배려하는 말하기 방법 ①
를 고려하여 말해야 한다. 위의 대화 상황에서 준호는 공부를 많이 했음에도 불구하고 꼴찌를 해서 무척 속상하다. 그
　　　　　　　　　　　　　　　　　　　　　준호의 처지　　　　　　　준호의 기분
런데 영희는 준호의 처지나 기분을 고려하지 않고 놀리듯이 말하여 준호의 기분을 더 상하게 하고 있다. 이러한 대화
상황에서는 "많이 노력했는데도 결과가 좋지 않아 많이 속상하겠다. 그래도 다음에는 더 좋은 결과가 있을 거야. 기운
내."와 같이 준호의 기분에 공감하고, 위로하며 격려하는 말하기가 적합하다.
　　　상대방의 처지와 기분을 고려한 말하기의 예
▶ 상대방을 배려하는 말하기 ①: 상대방의 처지와 기분을 고려하여 말하기
❸ 둘째, 내가 하는 말이 상대방에게 미칠 영향을 고려하여 말해야 한다. 이를 위해서는 상대방에게 부담을 주는 표현
　　　　　　　　　　　상대방을 배려하는 말하기 방법 ②
은 최대한 자제하고, 공손한 태도로 말하는 것이 좋다. 특히 상대방을 비난하거나 비방하는 표현은 상대방의 기분을 상
하게 하므로 피해야 한다.
▶ 상대방을 배려하는 말하기 ②: 상대방에게 미칠 영향을 고려하여 말하기
❹ 셋째, 상대방의 말을 경청해야 한다. 대화는 단순히 말을 하는 행위가 아니라 상대방의 말을 듣는 행위를 포함한
　　　　상대방을 배려하는 말하기 방법 ③
다. 따라서 상대방이 말을 할 때에는 그 말을 귀담아듣고 있다는 태도를 보이는 것이 좋다. 이를 위해서는 상대방이 말
을 하는 동안 시선을 맞추거나 고개를 끄덕이는 등의 긍정적인 몸짓을 취할 수 있다.
▶ 상대방을 배려하는 말하기 ③: 상대방의 말을 경청하기
❺ 사람의 얼굴에 눈과 귀는 두 개씩 있지만 입은 한 개밖에 없다. 이것은 많이 보고 많이 듣되, 말은 신중하게 하라
는 의미이다. 『상대방을 배려하지 않고 자기중심적으로 말하는 사람은 좋은 친구가 될 수 없으며, 좋은 친구를 사귈 수도
　　　　　　　『 』: 상대방을 배려하는 말하기를 해야 하는 이유
없다. 왜냐하면 그러한 사람은 의사소통을 원활하게 할 수 없기 때문이다.』 따라서 대화를 할 때에는 상대방의 처지와
　　　　　　　　　　　　　　　　　　　　　　　　　　　　　상대방을 배려하는 말하기에 대한 당부
기분을 고려하여 말하고, 내가 하는 말이 상대방에게 미칠 영향을 고려하여 말하며, 상대방의 말을 경청하도록 하자.
▶ 상대방을 배려하는 말하기에 대한 당부

❯❯ 글 내용 한눈에 보기 •••

본문 9쪽

1 자기 **2** 처지 **3** 영향 **4** 경청 **5** 배려

◀ 글을 이해해요 ▶

☑ 자기 평가

본문 10쪽

01 (내용 이해)
　1 ○　　　**2** ✕

　　○ ✕

02 (내용 이해)
　1 기분　　**2** 부담　　**3** 비방
　4 시선

　　○ ✕

03 (내용 추론)
　②

　　○ ✕

04 (중심 내용 쓰기)
　대화를 할 때에는 <u>상대방의 처지와 기분</u>을 고려하여 말하고, 내가 하는 말이 <u>상대방에게 미칠 영향</u>을 고려하여 말하며, <u>상대방의 말을 경청</u>하는 등 상대방을 배려하며 말해야 한다.

　　○ ✕

01 **1** 2문단에서 대화는 상대방과 마주 대하여 이야기를 주고받는 것이라고 했어요.
2 자기중심적인 말하기는 경우에 따라 상대방의 마음에 상처를 줄 수 있기 때문에 대화 참여자들이 각자 자기중심적으로 말하면 의사소통이 원활하게 이루어지지 않아요.

02 2~4문단에서 상대방을 배려하는 말하기 방법을 설명하고 있어요. 상대방을 배려하며 말하기 위해서는 상대방의 처지와 '기분'을 파악하고, 이에 적합하게 말해야 해요. 그리고 상대방에게 미칠 영향을 고려하여 '부담'을 주는 표현은 최대한 자제하고, 상대방을 비난하거나 '비방'하는 표현도 피해야 해요. 또한 상대방이 말을 할 때에는 '시선'을 맞추는 등 상대방의 말을 경청해야 해요.

03 5문단에서 상대방을 배려하지 않고 자기중심적으로 말하는 사람은 의사소통을 원활하게 할 수 없다고 했어요. 따라서 원활하게 의사소통하기 위해서는 상대방을 배려하며 듣고 말해야 해요.

(오답풀이)
① 상대방을 배려하는 말하기는 하고 싶은 말을 다 하는 것이 아니라, 상대방의 처지와 기분을 파악하고 이를 고려하여 말하는 거예요.
③, ④ 상대방을 배려하는 말하기가 아닌, 자기중심적인 말하기에 해당해요.
⑤ 상대방을 배려하는 말하기는 내가 하는 말이 상대방에게 미칠 영향을 고려하여 말하는 것이지만, 큰 영향을 미치기 위한 것은 아니에요.

04 이 글은 상대방을 배려하며 말해야 한다고 주장하고 있어요. 상대방을 배려하며 말하기 위해서는 상대방의 처지와 기분을 고려하여 말하고, 내가 하는 말이 상대방에게 미칠 영향을 고려하여 말하며, 상대방의 말을 경청해야 해요.

◀ 어휘를 익혀요 ▶

본문 11쪽

01 **1** ㄷ **2** ㄴ **3** ㄱ　　**02** **1** 처지 **2** 귀담아듣 **3** 자기중심적　　**03** **1** 공손 **2** 배려 **3** 경청

무엇을 보고 만들었나

코칭Tip 이 글은 자연물을 본떠 만든 세 가지 발명품에 대해 설명하는 글입니다. 각각의 발명품이 자연물의 어떤 특징을 본떠 만들었는지를 파악하며 글을 읽을 수 있도록 합니다.

❶ 아직까지 없었던 물건을 새로 생각하여 만들어 낸 것을 '발명품'이라고 한다. 그래서 발명품이라고 하면 기존에 없
<u>발명품의 뜻</u>　　　　　　　　　　　　　　　　　　　　　　　　　　<u>중심 소재</u>
던 것, 완전히 새로운 것이라고 생각하게 된다. 하지만 발명품이라고 해서 무(無)에서 유(有)를 창조하는 것은 아니다.
　　　　　　　　　　　　　　　　　　　　아무것도 없는 상태에서 새로운 것을 만들어 내는 것은 아니라는 뜻으로, 영향을 받은 무엇인가가 있다는 말임
발명품들이 무엇을 보고 만들었는지 살펴보도록 하자.　　　　　　　　　　▶ 새로운 것이라고 생각되지만 무엇인가를 보고 만든 발명품
<u>이 글에서 다룰 내용</u>

❷ 수영 선수들이 온몸을 감싸는 <u>전신 수영복</u>을 입고 경기하는 모습을 본 적이 있을 것이다. 전신 수영복은 특수한 소
　　　　　　　　　　　　　<u>자연물을 본떤 발명품 ①</u>
재로 만들어서 물에 잘 뜨고 근육의 피로도 줄여 준다. 게다가 표면에 돌기가 있어서 선수의 몸을 따라 물이 흐르도록
해 준다. 즉 물의 저항을 줄여 주어 선수가 더 빨리 헤엄칠 수 있도록 돕는다. 물속에서 빠르게 움직이는 상어의 피부에
　　　　　　　　　　　　　　　　　　<u>전신 수영복 표면의 돌기의 역할</u>
는 작은 돌기가 빼곡하게 있어서 물의 저항을 줄여 준다. 전신 수영복의 표면은 상어 피부의 돌기 모양을 본뜬 것이다.
　　　　　　　　　　　　　　　　　　　　　　　　　　　　　　　　<u>전신 수영복이 본뜬 자연물</u>
이런 전신 수영복을 입은 선수들이 실제 대회에서 세계 신기록을 많이 세웠다.　▶ 상어 피부의 돌기를 본떠 만든 전신 수영복

 >>

❸ 벨크로는 신발을 조일 때 쓰는 장치, 머리카락을 말아 구불거리게 만드는 헤어 롤러 등에 사용된다. 벨크로는 스위
　　<u>자연물을 본뜬 발명품 ②</u>　　　　　　　　　　　<u>벨크로의 쓰임새</u>
스의 메스트랄이라는 사람이 발명한 것으로, 프랑스어로 벨벳을 뜻하는 블루아르와 고리를 뜻하는 크로셰를 합쳐 이름
을 붙였다고 한다. 어느 날 사냥을 나갔다 돌아온 메스트랄은 작은 도꼬마리 열매들이 옷에 붙어 떨어지지 않는 것을
　　　　　　<u>벨크로의 어원</u>
발견했다. 그는 <u>도꼬마리 열매의 가시</u>가 갈고리 모양으로 된 것을 본떠 『벨크로의 한 면은 갈고리 모양으로, 다른 한 면
　　　　　　<u>벨크로가 본뜬 자연물</u>　　　　　　　　　　　　　　『 』: 벨크로의 원리
은 둥근 고리 모양으로 만들었다. 그래서 벨크로는 두 면이 닿으면 서로 엉겨서 밀착되어 잘 붙고 또 힘을 주어 떼면 잘
떨어진다.』 벨크로는 이렇게 쉽게 사용할 수 있어서 다양한 곳에 쓰이고 있다.　　▶ 도꼬마리 열매의 가시를 본떠 만든 벨크로

❹ 연잎에 물을 떨어뜨리면 물이 스며들지 않고 물방울이 되었다가 굴러떨어진다. 이는 연잎의 표면에 물을 밀어내는
성질을 가진 아주 작은 돌기가 있기 때문이다. 이때 먼지도 물방울과 함께 떨어져서 연잎은 항상 깨끗하게 유지된다.
<u>연잎의 표면의 특징</u>
이것을 '연잎 효과'라고 한다. 물이 스며들지 못하게 하는 방수복이나 욕실 거울에 김이 서리지 않게 하는 필름 등은 연
　　　　　　　　　　　　　　　　　　　　　　　　　　　　<u>자연물을 본뜬 발명품 ③</u>　　　　④
잎의 표면을 본뜬 것이다.　　　　　　　　　　　　　　　　　　　▶ 연잎의 표면을 본떠 만든 방수복과 김 서림 방지 필름
└<u>방수복과 김 서림 방지 필름이 본뜬 자연물</u>

❺ 전신 수영복이나 벨크로 등과 같이 우리 주변에 있는 자연물을 본떠 만든 발명품이 많다. 이러한 발명품들은 자연
물의 특징을 우리 생활에 적용하여 만든 것이다. 자연물에는 아직 우리 생활을 편리하게 만들어 줄 특징이 무궁무진하
다. 그래서 앞으로 또 어떤 발명품이 나올지 기대된다.　　　　　　　　　　　　　▶ 자연물을 본떠 만든 많은 발명품

≫ 글 내용 한눈에 보기 •••

본문 13쪽

1 발명품 **2** 상어 **3** 벨크로 **4** 연잎 **5** 자연물

◀ 글을 이해해요 ▶

☑ 자기 평가   본문 14쪽

01 (내용 이해)
1 ✕   **2** ◯

○ ✕

02 (내용 이해)
②

○ ✕

03 (내용 이해)
1 돌기   **2** 저항

○ ✕

04 (내용 추론)
④

○ ✕

05 (중심 내용 쓰기)
전신 수영복이나 벨크로 등과 같이 우리 주변에 있는 자연물을 본떠 만든 발명품이 많다.

○ ✕

01 **1** 1문단에서 아직까지 없었던 물건을 새로 생각하여 만들어 낸 것을 '발명품'이라고 하지만, 발명품이라고 해서 무(無)에서 유(有)를 창조하는 것은 아니라고 했어요.
2 3문단에서 도꼬마리 열매의 가시가 갈고리 모양으로 생긴 것을 본떠 만든 벨크로는 신발을 조일 때 쓰는 장치, 머리카락을 말아 구불거리게 만드는 헤어 롤러 등에 사용된다고 했어요.

02 방수복은 물이 스며들지 않는 연잎의 표면을 본떠 만들었어요. 따라서 방수복에 물을 떨어뜨리면 흡수되지 않고 물방울이 되었다가 굴러떨어져요.

03 2문단에서 상어 피부의 돌기를 본떠 만든 전신 수영복에 대해 설명하고 있어요. 상어의 피부에는 작은 '돌기'가 빼곡하게 있어서 물의 '저항'을 줄여 줘요.

04 이 글에서는 자연물을 본떠 만든 다양한 발명품을 소개하고 있어요. 포스트잇은 자연물을 본떠 만든 것이 아니라, 강력 접착제를 만드는 과정에서 우연히 만든 것이에요.

(오답 풀이)
① 물갈퀴는 헤엄치기 편리한 오리의 발을 본떠 만들었어요.
② 낙하산은 천천히 떨어지는 민들레 씨앗을 본떠 만들었어요.
③ 비행기는 하늘을 나는 새의 날개를 본떠 만들었어요.
⑤ 가시철조망은 장미의 뾰족한 가시덩굴을 본떠 만들었어요.

05 이 글은 상어 피부의 돌기를 본떠 만든 전신 수영복, 도꼬마리 열매의 가시를 본떠 만든 벨크로, 연잎의 표면을 본떠 만든 방수복과 김 서림 방지 필름 등과 같이 자연물을 본떠 만든 발명품에 대해 설명하고 있어요.

◀ 어휘를 익혀요 ▶

본문 15쪽

01 **1** ㄴ **2** ㄷ **3** ㄱ   **02** **1** 밀착 **2** 무궁무진 **3** 저항   **03** **1** 적용 **2** 특수

03 작지만 큰 나라

코칭Tip 이 글은 바티칸 시국에 대해 설명하는 글입니다. 바티칸 시국의 크기와 인구수를 다른 나라와 비교하여 이해하고, 바티칸 시국이 생기게 된 역사적 과정과 오늘날 바티칸 시국의 위상을 파악하며 글을 읽을 수 있도록 합니다.

1 전 세계에는 230여 개의 나라가 있고, 79억 명 정도의 사람이 살고 있다. 수많은 나라를 크기 순서대로 늘어놓으면 러시아, 캐나다, 미국, 중국, 브라질 순서가 된다. 그렇다면 인구가 가장 많은 나라는 어디일까? 중국에는 약 14억 _크기가 가장 큰 나라_   _인구가 가장 많은 나라_ 5천만 명, 인도에는 약 14억 명, 미국에는 약 3억 명의 사람이 살고 있다. 우리나라는 5천만 명 정도가 살고 있어서 전 세계의 인구 순위로 보면 28위 정도이다. 「전 세계의 모든 사람의 수를 100이라고 한다면 중국의 인구는 18, 인도의 인 「 」: 전 세계 인구수를 100으로 환산하여 독자의 이해를 도움 구는 17, 미국의 인구는 4 정도이며, 우리나라는 1이 채 되지 않는다.」 ▶ 전 세계에서 크기가 가장 큰 러시아와 인구가 가장 많은 중국

2 그렇다면 인구가 가장 적은 나라는 어디일까? 바로 인구가 1,000명도 되지 않는 **바티칸 시국**이다. 바티칸 시국은 _질문을 통해 독자의 흥미를 유발함_   _중심 소재_ 이탈리아의 수도인 로마시 안에 있다. 하나의 나라가 도시 안에 있을 정도로 작은 것이다. 「세계에서 가장 큰 나라인 러 「 」: 바티칸 시국의 크기를 다른 나라와 비교하여 독자의 이해를 도움 시아의 크기는 우리나라의 약 170배 정도이다. 바티칸 시국의 크기가 서울에 있는 경복궁보다 약간 큰 정도라고 하니, 러시아와 바티칸 시국의 크기 차이가 엄청나다는 것을 알 수 있다. 어떻게 이런 작은 나라가 생길 수 있었을까? _이어질 내용을 암시함_   ▶ 인구가 가장 적은 바티칸 시국

3 이탈리아는 1860년대 전까지 여러 개의 작은 나라로 쪼개져 있다가 1860~1870년 사이에 통일을 이루었다. 그 과정에서 로마를 중심으로 교황이 다스리던 영토까지 이탈리아의 영토가 되었고, 영토를 빼앗긴 교황은 이탈리아와 갈등을 겪었다. 교황은 가톨릭을 대표하는 사람이고 가톨릭은 전 세계적으로 신자가 많은 종교였다. 이탈리아는 교황도, 가 _이탈리아가 교황과 가톨릭을 함부로 대할 수 없는 이유_ 톨릭도 함부로 대할 수 없었다. 그래서 1929년에 이탈리아와 교황은 서로를 인정하기로 하고, 바티칸 시국을 교황이 다스린다는 협약을 맺었다. 이렇게 이탈리아 안에 교황이 다스리는 바티칸 시국이 있게 된 것이다. ▶ 바티칸 시국이 생기게 된 역사적 과정

4 바티칸 시국은 전 세계에서 인구가 가장 적고, 크기도 가장 작은 나라이다. 하지만 바티칸 시국은 교황이 다스리는 _바티칸 시국의 위상_ 가톨릭의 중심지로 전 세계에 큰 영향을 미치는 나라이며, 많은 관광객이 찾는 나라이기도 하다. 바티칸 시국에는 성 베드로 대성당과 성 베드로 광장을 포함해 아름다운 건축물이 많다. 또한 미켈란젤로의 대표작인 「천지창조」, 「최후의 _바티칸 시국의 건축물_   _바티칸 시국의 미술 작품_ 심판」 같은 벽화를 비롯하여 유명한 미술 작품들도 있다. ▶ 오늘날 바티칸 시국의 위상

⯌ 글 내용 한눈에 보기 ●●●

본문 17쪽

1 바티칸 시국 2 로마 4 인구 5 교황 6 영향

◁ 글을 이해해요 ▷

✅ 자기 평가

본문 18쪽

01 (내용 이해)
   1 적은   2 교황이

○ ✕

02 (내용 이해)
   ④

○ ✕

03 (내용 추론)
   1 〉   2 〈

○ ✕

04 (중심 내용 쓰기)
   바티칸 시국은 전 세계에서 인구가 가장 적고 크기도 가장 작은 나라이지만, 가톨릭의 중심지로 전 세계에 큰 영향을 미친다.

○ ✕

01 1 2문단에서 인구가 가장 '적은' 나라는 인구가 1,000명도 되지 않는 바티칸 시국이라고 했어요.
  2 1929년에 이탈리아와 교황은 서로를 인정하기로 하고, 바티칸 시국을 '교황이' 다스린다는 협약을 맺었어요.

02 1문단에서 우리나라는 5천만 명 정도가 살고 있어서 전 세계의 인구 순위로 보면 28위 정도이고, 전 세계 인구를 100이라고 한다면 우리나라는 1이 채 되지 않는다고 했어요.

(오답풀이)
① 1문단을 보면 중국, 인도, 미국 순서로 인구가 많으므로, 인도는 미국보다 인구가 많고, 중국보다 인구가 적어요.
② 4문단에서 바티칸 시국에는 성 베드로 대성당과 성 베드로 광장 등의 아름다운 건축물과 「천지창조」, 「최후의 심판」 등의 유명한 미술 작품이 있다고 했어요.
③ 1문단에서 전 세계에는 230여 개의 나라가 있고, 79억 명 정도의 사람이 살고 있다고 했어요.
⑤ 3문단에서 이탈리아는 1860년대 전까지 여러 개의 작은 나라로 쪼개져 있다가 1860~1870년 사이에 통일을 이루었다고 했어요.

03 2문단에서 바티칸 시국의 크기는 서울에 있는 경복궁보다 약간 큰 정도라고 했으므로, 대한민국은 바티칸 시국보다 커요(〉). 그리고 러시아의 크기는 우리나라의 약 170배 정도라고 했으므로, 대한민국은 러시아보다 작아요(〈).

(이럴 땐 이렇게!) 부등호라고 부르는 〉, 〈 기호를 어떻게 사용하는지 이해해야 해요. 큰 것을 먹으려면 입을 크게 벌려야 하죠? 그러니 입을 벌려 터진 쪽이 큰 쪽을, 뾰족한 쪽이 작은 쪽을 가리켜야 해요.

04 이 글은 바티칸 시국에 대해 설명하고 있어요. 바티칸 시국은 전 세계에서 인구가 가장 적고, 크기도 가장 작은 나라예요. 하지만 바티칸 시국은 교황이 다스리는 가톨릭의 중심지로 전 세계에 큰 영향을 미치는 나라예요.

◁ 어휘를 익혀요 ▷

본문 19쪽

01 1 ㄴ 2 ㄱ 3 ㄷ   **02** 1 신자 2 함부로 3 중심지   **03** 1 교황 2 갈등

04 사려 깊은 노랑 물고기

코칭Tip 이 글은 사려 깊은 태도의 중요성을 드러내는 이야기입니다. 이야기 속 물고기들의 태도를 통해 전달하고자 하는 교훈이 무엇인지 파악하며 글을 읽을 수 있도록 합니다.

1 먼 옛날, 어느 나라에 이름 모를 성이 있었다. 성문 아래에는 작은 연못이 있었는데, 연못 속에는 늘 물고기 떼가
한가롭게 놀고 있었다.

어느 날, 갑자기 노랑 물고기가 소리쳤다.

"얘들아, 큰일 났어! 성문에 불이 났어! 우리도 빨리 도망가자."

그 말을 듣고, 다른 물고기들이 코웃음을 치며 말하였다.

『"성문에 불이 났으면 난 거지, 왜 이리 소란을 피우니? 너 겁쟁이구나!"

"여기 그냥 있으면 안 돼. 그러다 우리 모두 사람들에게 잡히게 될 거야."

"성문은 저기에 있는데, 성문에 불난 게 우리랑 무슨 상관이야? 난 여기서 계속 놀고 싶어!"

"그래, 나도 그냥 여기에 있을래!"』

노랑 물고기는 걱정스러운 표정으로 친구 물고기들을 바라보았다.

'어떡하지? 연못에 남아 있으면 큰일 날 텐데……. 할 수 없지. 나라도 도망가야지.'

몇 번을 더 설득해 보았지만 다른 물고기들이 꼼짝도 하지 않자 노랑 물고기는 할 수 없이 혼자 연못을 벗어나 도랑
으로 헤엄쳐 갔다.   ▶ 성문에 불이 나자 도망가는 노랑 물고기와 이를 듣지 않는 다른 물고기들

2 이때, 사람들이 물통을 들고 연못으로 우르르 몰려왔다. 사람들은 연못에서 성문까지 한 줄로 길게 늘어서더니 연
못의 물을 퍼서 성문의 불을 끄기 시작했다.

"다들 힘을 내서 물을 좀 더 빠르게 전달해 주세요!"

곧 연못의 물은 빠르게 줄어들었다. 여유 있게 놀고 있던 다른 물고기들은 그제야 상황이 심상치 않음을 눈치챘다.

"얘들아, 큰일 났어. 사람들이 물을 퍼내서 연못의 물이 줄어들고 있어. 노랑 물고기의 말이 맞았어!"

"그럼 도망가면 되지. 얼른 도랑으로 피하자!"

"도랑으로 이어지는 물길이 벌써 사라져 버렸어. 어쩌면 좋아!"   ▶ 사람들이 불을 끄느라 퍼내면서 빠르게 줄어든 연못의 물

3 성문의 불이 다 꺼졌을 때쯤 연못의 물도 바닥났다. 연못이 바닥을 드러내자 미처 도망가지 못한 물고기들이 흙탕
속에서 팔딱이고 있었다.

"아니, 물고기잖아? 잘됐다. 오늘 저녁 반찬으로 먹으면 되겠어!"

사람들은 앞다투어 물고기들을 잡았다.   ▶ 연못의 물이 바닥나자 사람들에게 잡힌 물고기들

4 이 이야기에서 우리는 어떤 교훈을 얻을 수 있을까? 노랑 물고기가 다른 물고기들과 다른 점은 무엇이었을까? 노
랑 물고기는 눈앞에 벌어진 일만 고려한 것이 아니라, 그로 인해 자신에게 미칠 위험까지 고려하여 행동하였다. 이와
같이 여러 가지 일에 대하여 깊게 생각하는 태도를 '사려 깊다'라고 표현한다. 우리도 이제부터 사려 깊게 주위의 여러
가지 일들을 살피고 깊게 생각한 후 행동하는 게 어떨까?   ▶ 사려 깊은 태도에 대한 당부

❖ 글 내용 한눈에 보기 •••

본문 21쪽

❶ 도망　**❷** 연못　**❸** 바닥　**❹** 사려

◀ 글을 이해해요

☑ 자기 평가

본문 22쪽

01 (내용 이해)
　　1 연못　　**2** 다른 물고기들은

○　✕

02 (내용 이해)
　　❶ 노랑　　**❷** 연못　　**❸** 바닥

○　✕

03 (내용 추론)
　　⑤

○　✕

04 (중심 내용 쓰기)
　　노랑 물고기와 같이 <u>사려 깊게</u> 주위의 여러 가지 일들을 살피고 깊게 생각한 후 행동하자.

○　✕

01 **1** 물고기들이 한가롭게 놀고 있던 곳은 성문 아래에 있는 작은 '연못'이에요. 도랑은 노랑 물고기가 연못을 벗어나 도망간 곳이에요.
2 노랑 물고기는 성문의 불이 꺼지기 전에 도랑으로 도망갔지만, 연못에 남아 있던 '다른 물고기들'은 사람들이 성문의 불을 끄느라 연못의 물을 퍼내서 도망가지 못하고 사람들에게 잡히고 말았어요.

02 '노랑' 물고기는 성문에 불이 나자 사람들이 불을 끄기 위해 '연못'의 물을 퍼내면 연못의 물이 바닥날 것이고, 그렇게 되면 사람들에게 잡힐 것을 걱정해 도랑으로 도망쳤어요. 하지만 다른 물고기들은 계속 연못에서 놀다가 연못이 '바닥'을 드러내자 도망가지 못하고 사람들에게 잡히고 말았어요.

03 다른 물고기들은 노랑 물고기처럼 사려 깊지 못했기 때문에 그의 말을 듣지 않았어요. 다른 물고기들이 예전부터 노랑 물고기를 싫어했는지는 이 글을 통해 알 수 없어요.

(오답풀이)
① 노랑 물고기가 연못에서 도랑으로 도망간 것으로 보아, 연못과 도랑은 물길로 연결되어 있었어요.
② 사람들이 저녁 반찬으로 먹으면 되겠다며 앞다투어 물고기들을 잡는 것으로 보아, 연못의 물고기들은 사람들이 먹을 수 있는 물고기예요.
③ 성문의 불이 다 꺼졌을 때쯤 연못의 물도 바닥난 것으로 보아, 연못의 크기가 더 작았다면 성문의 불을 다 끄기 전에 연못의 물이 먼저 바닥났을 거예요.
④ 연못의 물을 다 퍼내서 연못이 바닥을 드러냈다고 한 것으로 보아, '흙탕'은 연못의 흙바닥을 가리키는 것이 맞아요.

04 이 글은 여러 가지 일에 대하여 깊게 생각하고 행동하여 목숨을 건진 노랑 물고기를 통해 사려 깊게 생각한 후 행동해야 한다는 교훈을 전하고 있어요.

◀ 어휘를 익혀요

본문 23쪽

01 **1** ㄷ　**2** ㄱ　**3** ㄴ　　**02** **1** 소란　**2** 흙탕　**3** 코웃음　　**03** **1** 도랑　**2** 사려

천 살이 넘은 축구

코칭Tip 이 글은 축구와 비슷한 놀이인 축국과 격구에 대한 설명을 바탕으로 축구의 역사를 설명하는 글입니다. 시대별로 축국과 격구의 특징을 파악하며 글을 읽을 수 있도록 합니다.

1 축구는 사람들을 즐겁게 하고 하나로 뭉치게 한다. 그렇다면 축구는 언제부터 시작된 것일까? 축구와 비슷한 놀이인 축국은 삼국 시대부터 있었다. 1145년에 쓰인 『삼국사기』를 보면 김유신과 김춘추가 축국을 하였다는 기록이 있다. 김유신이 김춘추와 축국을 하다가 김춘추의 옷을 밟아 옷이 찢어졌다. 김유신은 김춘추를 자기 집으로 데리고 가 여동생인 문희에게 김춘추의 찢어진 옷을 꿰매게 했는데, 이 일을 계기로 김춘추와 문희는 부부가 되었다. 이후 김춘추는 신라의 29대 왕이 되었고, 김유신의 여동생은 왕비가 되었다고 한다. 이러한 기록에서도 알 수 있듯이, 발로 공을 가지고 노는 축구는 오래전부터 있었던 놀이이다. ▶ 삼국 시대부터 있었던, 축구와 비슷한 놀이인 축국

2 축국을 할 때 사용하는 공은 돼지 오줌보에 쌀겨나 동물의 털을 넣거나 바람을 불어넣어 만들었다. 신분이 낮은 백성들은 이 공을 구하기 어려웠기 때문에 주로 신분이 높은 사람들이 축국을 했다. 또한 병사들은 몸을 강하게 만들기위해 축국을 하며 훈련하기도 했다. 축국에는 경기장 양 끝에 구멍 여러 개를 파 놓고 공을 차서 구멍에 넣는 방법과 오늘날의 제기차기처럼 공을 발로 여러 번 차면서 땅에 떨어뜨리지 않는 방법이 있었다. ▶ 축국을 했던 사람들과 축국의 놀이 방법

3 발해와 통일 신라 시대에는 축국보다는 격구가 인기를 끌었다. 격구는 말에 올라타 긴 채로 공을 치는 놀이이다. 격구는 무술을 훈련하는 데 쓰이기도 했는데, 특히 전쟁에서 말을 타고 싸우는 병사에게 도움이 되어 축국보다 더 중시하였다. ▶ 발해와 통일 신라 시대에 축국보다 인기 있었던 격구

4 고려 시대에도 격구는 인기 있는 놀이였고 중요시되었다. 고려 시대에 축국에 대한 기록은 별로 없지만 고려 시대에도 사람들은 여전히 축국을 했다. 시와 문장을 잘 지었던 고려 시대의 훌륭한 문장가인 이규보의 시를 보면 공을 차다가 공에 바람이 빠지면 사람들이 모두 흩어졌다는 내용이 있다. 이처럼 고려 시대에 이르러 축국은 군사 훈련과는 점차 멀어졌으나 백성들도 즐기는 놀이가 되었던 것이다. ▶ 고려 시대에 백성들도 즐긴 축국

5 축국은 조선 시대에도 있었다. 하지만 조선 시대에는 글공부는 중요하게 생각한 반면, 무술이나 몸을 사용하는 일은 중시하지 않았다. 그러다 보니 축국이 쓸모없는 것으로 여겨지면서 점차 아이들만 좋아하는 놀이가 되었고, 시간이 지나면서 아이들도 축국을 하지 않게 되었다. 오늘날 우리가 하고 있는 방식의 축구가 우리나라에 들어온 것은 1882년경이다. 인천항에 들어온 영국 사람들이 조선 사람들에게 축구를 가르쳐 주었다고 알려져 있다. 이렇게 우리나라에 전해진 축구는 오늘날 인기 있는 운동으로 자리 잡았다. ▶ 조선 시대에 거의 하지 않게 된 축국과 영국 사람들이 가르쳐 준 오늘날의 축구

❖ 글 내용 한눈에 보기 •••

본문 25쪽

1 축국　**2** 격구　**3** 백성　**4** 글공부

◀ 글을 이해해요 ▶

☑ 자기 평가

본문 26쪽

01 (내용 이해)
1 ✕　　**2** ◯

02 (내용 이해)
②

03 (내용 추론)
⑤

04 (내용 이해)
1 오줌보　**2** 바람

05 (중심 내용 쓰기)
　발로 공을 가지고 노는 축구는 <u>오래전부터 있었던</u> <u>놀이</u>이다.

○ ✕
○ ✕
○ ✕
○ ✕
○ ✕

01 **1** 5문단에서 오늘날 우리가 하고 있는 방식의 축구가 우리나라에 들어온 것은 1882년경으로, 인천항에 들어온 영국 사람들이 조선 사람들에게 축구를 가르쳐 주었다고 했어요.
2 3문단에서 발해와 통일 신라 시대에 인기 있었던 격구에 대해 설명하고 있어요. 격구는 말에 올라타 긴 채로 공을 치는 놀이로, 병사들이 무술을 훈련하는 데 쓰이기도 했어요.

02 2문단에서 삼국 시대에 병사들이 몸을 강하게 만들기 위해 축국을 하며 훈련했음을 알 수 있어요.

(오답풀이)
① 삼국 시대에는 축국을 할 때 사용하는 공을 구하기 어려웠기 때문에 주로 신분이 높은 사람들이 축국을 했어요.
③ 발해와 통일 신라 시대에는 축국보다 격구가 인기를 끌었어요.
④ 고려 시대에 축국은 백성들도 즐기는 놀이가 되었어요.
⑤ 조선 시대에는 글공부는 중요하게 생각한 반면에 무술이나 몸을 움직이는 일은 중시하지 않았어요. 따라서 축국 역시 쓸모없는 놀이로 여겨졌어요.

03 5문단에서 오늘날 우리가 하고 있는 방식의 축구가 우리나라에 들어온 것은 1882년경이며, 인천항에 들어온 영국 사람들이 조선 사람들에게 축구를 가르쳐 주었다고 알려져 있음을 확인할 수 있어요.

04 2문단에서 축국을 할 때 사용하는 공은 돼지 '오줌보'에 쌀겨나 동물의 털을 넣거나 '바람'을 불어넣어 만들었다고 했어요. 신분이 낮은 백성들은 이 공을 구하기 어려웠기 때문에 주로 신분이 높은 사람들이 축국을 했어요.

05 이 글은 축구의 역사를 설명하고 있어요. 1145년에 쓰인 『삼국사기』에 김유신과 김춘추가 축구와 비슷한 놀이인 축국을 하였다는 기록이 있을 정도로 발로 공을 가지고 노는 축구는 오래전부터 있었던 놀이예요.

◀ 어휘를 익혀요 ▶

본문 27쪽

01 **1** ㄴ　**2** ㄱ　**3** ㄷ　　**02** **1** 문장가　**2** 반면　**3** 훈련　　**03** **1** 무술　**2** 계기

어른은 못 듣는 소리

코칭Tip 이 글은 나이에 따라 달라지는 가청 주파수에 대해 설명하는 글입니다. 가청 주파수의 뜻과 범위를 이해하고, 가청 주파수가 나이에 따라 달라지는 이유를 파악하며 글을 읽을 수 있도록 합니다.

1 피아노 건반의 개수는 총 88개이다. 건반은 오른쪽으로 갈수록 높은 소리를, 왼쪽으로 갈수록 낮은 소리를 낸다.
피아노 건반의 특징
건반이 더 많으면 더 높은 소리와 더 낮은 소리를 낼 수 있을 텐데 왜 피아노 건반은 88개일까? 연주하기 어렵다거나
질문을 통해 독자의 흥미를 유발함
피아노의 크기가 커진다거나 하는 문제도 있겠지만 사실 가장 큰 이유는 소리에 있다. ▶ 피아노 건반의 개수에 대한 의문

2 사람은 너무 높은 소리나 너무 낮은 소리는 듣지 못한다. 이렇게 사람이 들을 수 있는 소리의 영역은 따로 있는데
가청 주파수의 뜻
이를 '가청 주파수'라고 한다. 소리의 높낮이는 주파수와 관련이 있다. 주파수는 소리가 1초 동안 진동한 횟수를 말하
중심 소재   주파수의 뜻
고, Hz(헤르츠)라는 단위로 나타낸다. 주파수가 높으면 높은 소리가 나고, 주파수가 낮으면 낮은 소리가 난다. 사람이
주파수와 소리의 관계
들을 수 있는 가청 주파수는 보통 20Hz부터 20,000Hz 정도까지이고, 3,000Hz 정도가 가장 잘 들린다고 한다. 피아
가청 주파수의 범위
노는 27Hz~4,200Hz의 소리를 낼 수 있다. 따라서 피아노의 건반을 더 늘린다고 해도 이는 관객이 듣기에 너무 높은
피아노 건반의 개수가 88개인 이유
소리이거나 낮은 소리인 것이다. ▶ 가청 주파수의 뜻과 피아노 건반의 개수가 88개인 이유

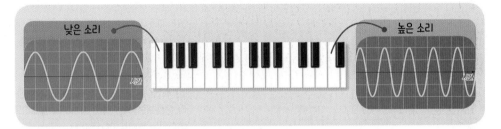

3 사람이 들을 수 있는 주파수가 정해져 있다면, 나이에 상관없이 가청 주파수가 동일할까? 이를 확인하기 위해 10
질문을 통해 독자의 흥미를 유발함
대와 40대에게 20Hz부터 20,000Hz까지의 소리를 들려주는 실험을 하였다. 그랬더니 10대는 17,000Hz 이상의 소리
도 들었지만, 40대는 14,000Hz 이상의 소리는 듣지 못했다. 나이에 따라 가청 주파수가 달라지는 것이다.
▶ 나이에 따라 달라지는 가청 주파수

4 가청 주파수가 나이에 따라 달라지는 이유는 무엇일까? 사람이 소리를 듣는 과정을 먼저 살펴보자. 『공기를 타고
질문을 통해 독자의 흥미를 유발함   「 」: 소리를 듣는 과정
전해진 소리는 귓바퀴에 모여 귀 안으로 들어가 고막을 떨리게 한다. 이 떨림은 세 개의 조그만 뼈를 지나 달팽이관에
도착한다. 그러면 달팽이관 안에 있는 액체와 털이 흔들리면서 청각 신경을 자극하고, 이 자극이 뇌에 전달되어 뇌가
소리를 알아낸다.』 그런데 나이가 들면 이 달팽이관의 상태가 나빠져 높은 주파수의 소리를 듣지 못하게 된다. 하지만
나이에 따라 가청 주파수가 달라지는 이유
최근에는 나이가 어려도 높은 주파수의 소리를 잘 듣지 못하는 사람들이 늘고 있다. 이어폰으로 오랫동안 음악을 크게
듣거나 시끄러운 소리를 계속 듣게 되면 달팽이관이 망가지기 때문이다. ▶ 나이에 따라 가청 주파수가 달라지는 이유

❯❯ 글 내용 한눈에 보기 •••

본문 29쪽

1 가청 주파수　**2** 나이　**3** 달팽이관　**4** 이어폰

◀ 글을 이해해요 ▶

☑ 자기 평가

본문 30쪽

01 (내용 이해)
1 높은　**2** 높은, 낮은

⭕ ❌

02 (내용 추론)
⑤

⭕ ❌

03 (내용 이해)
1 고막　**2** 달팽이관　**3** 청각

⭕ ❌

04 (중심 내용 쓰기)
나이가 들면 달팽이관의 상태가 나빠지므로, 나이에 따라 가청 주파수가 달라진다.

⭕ ❌

01 **1** 1문단에서 피아노 건반은 총 88개인데, 오른쪽으로 갈수록 '높은' 소리를, 왼쪽으로 갈수록 낮은 소리를 낸다고 했어요.
2 2문단에서 주파수가 높으면 '높은' 소리가 나고, 주파수가 낮으면 '낮은' 소리가 난다고 했어요.

02 4문단에서 이어폰으로 오랫동안 음악을 크게 듣거나 시끄러운 소리를 계속 듣게 되면 달팽이관이 망가진다고 했어요. 따라서 큰 소리나 시끄러운 소리를 자주 듣게 되면 오히려 높은 주파수의 소리를 잘 듣지 못하게 될 수 있어요.

(오답 풀이)
① 2문단에서 사람이 들을 수 있는 소리의 영역을 가청 주파수라고 한다고 했어요.
② 3문단에서 실험 결과 10대는 17,000Hz 이상의 소리도 들었다고 했어요.
③ 4문단에서 최근에는 나이가 어려도 높은 주파수의 소리를 잘 듣지 못하는 사람들이 늘고 있다고 했어요. 따라서 나이가 같더라도 사람에 따라 가청 주파수가 다를 수 있어요.
④ 2문단에서 사람이 들을 수 있는 가청 주파수는 보통 20Hz부터 20,000Hz 정도까지라고 했어요.

03 4문단에서 사람이 소리를 듣는 과정을 설명하고 있어요. 소리가 귓바퀴에 모여 귀 안으로 들어가 '고막'을 떨리게 하고, 이 떨림이 '달팽이관'에 도착해요. 그러면 달팽이관 안에 있는 액체와 털이 흔들리면서 '청각' 신경을 자극하고, 이 자극이 뇌에 전달되어 뇌가 소리를 알아내요.

04 이 글은 가청 주파수에 대해 설명하고 있어요. 사람이 들을 수 있는 주파수가 정해져 있는데, 나이가 들면 달팽이관의 상태가 나빠져 높은 주파수의 소리를 듣지 못하게 돼요. 다시 말해 나이에 따라 가청 주파수가 달라지는 것이죠.

◀ 어휘를 익혀요 ▶

본문 31쪽

01 **1** ㄱ　**2** ㄷ　**3** ㄴ　　**02** **1** 귓바퀴　**2** 진동　**3** 자극　　**03** **1** 고막　**2** 청각

07 도자기를 만드는 과정

본문 32~33쪽

> **코칭Tip** 이 글은 도자기를 만드는 과정을 설명하는 글입니다. 도자기가 어떤 과정을 거쳐 만들어지는지 이해하고, 각 과정에서 하는 일이나 주의할 점을 파악하며 글을 읽을 수 있도록 합니다.

1 고려 시대의 청자, 조선 시대의 백자와 같이 우리 조상들은 예로부터 도자기를 만들어 사용하였다. 도자기는 흙으로 빚어서 말리고 높은 열에 구워서 만든 그릇을 뜻하는데, 이러한 도자기를 만드는 일을 '도자기 공예'라고 하며 줄여서 '도예'라고 한다. 그렇다면 도자기는 어떠한 과정으로 만들어지는지 알아보자. ▶ 도자기를 만드는 일인 도자기 공예

2 도자기를 만들기 위해서는 먼저 도자기의 재료가 되는 점토를 만든다. 점토의 미세한 차이가 도자기의 질과 아름다움에 큰 영향을 미친다. 따라서 자연에서 채취한 흙은 불순물을 제거하기 위해 곱게 갈고 물에 풀어 채에 거르는 과정을 거친다. 물에 가라앉은 점토를 다시 햇빛에 말렸다가 물에 담그기를 반복하면 고운 점토를 얻을 수 있다. 이렇게 얻은 점토는 치고 밟아 입자를 한층 더 균일하게 하고 점토 속의 기포를 제거한다. 이 과정에서 점토는 가소성이 생기는데, 가소성이란 형태를 만들었을 때 유지되는 성질을 말한다. ▶ 도자기를 만드는 과정 ①: 점토 만들기

3 점토가 마련되면 다음에는 도자기의 형태를 만든다. 도자기의 형태를 만드는 방법으로는 흙가래 쌓기, 물레 이용하기, 틀 이용하기, 판 붙이기 등 다양하지만 일반적으로 물레를 이용한 방법이 가장 널리 쓰인다. 물레는 도자기의 형태를 만들 때 쓰는 도구로, 보통 축의 아래와 위에 넓고 둥근 널빤지를 대어 만드는데 아래 판을 발로 돌리면 위 판도 함께 돌아 그 회전력을 이용하여 도자기를 빚는다. 물레를 돌릴 때에는 손과 발을 잘 이용해야 한다. 『손으로는 점토에 가하는 힘을 조절하고 발로는 물레가 돌아가는 속도를 조절하는데, 손의 힘이나 물레의 속도를 조절하지 못하면 도자기의 모양이 일그러질 수 있으므로 주의해야 한다.』 ▶ 도자기를 만드는 과정 ②: 형태 만들기

4 도자기의 형태를 만든 다음에는 이를 건조한다. 도자기를 햇빛에서 급히 말리게 되면 갈라지거나 깨질 수 있으므로 그늘에서 천천히 말려야 한다. 도자기의 겉면이 건조된 것처럼 보이더라도 보이지 않는 안쪽 면이나 점토 내부는 충분히 건조되지 않은 상태일 수 있다. 따라서 도자기를 가마에 넣어 굽기 전에 충분한 건조 시간을 가져야 한다. ▶ 도자기를 만드는 과정 ③: 건조하기

5 건조를 마친 다음에는 마지막으로 도자기를 가마에 넣어 굽는다. 도자기는 일반적으로 두 번 굽는다. 도자기를 처음 굽는 일을 '초벌구이'라고 하고, 초벌구이된 도자기에 유약을 발라 다시 굽는 일을 '재벌구이'라고 한다. 이때 유약은 도자기의 겉면을 매끄럽고 단단하게 해 주는 역할을 한다. ▶ 도자기를 만드는 과정 ④: 굽기

6 앞서 살펴본 바와 같이 도자기를 만드는 과정은 흙을 채취하여 점토를 만들고, 이것으로 도자기의 형태를 만들어 충분히 건조한 후 초벌구이와 유약 바르기, 재벌구이를 거쳐 이루어진다. 이 과정에서 점토, 불, 유약의 3요소가 조화를 이루어야 완성도 높은 도자기를 만들 수 있다. ▶ 완성도 높은 도자기를 만들기 위한 방법

❯❯ 글 내용 한눈에 보기 •••

본문 33쪽

1 도예　**2** 점토　**3** 형태　**4** 건조　**5** 가마　**6** 불

◀ 글을 이해해요 ▶

☑ 자기 평가

본문 34쪽

01 (내용 이해)

1 청자, 백자　　**2** 발로

○ ✕

02 (내용 이해)

ㄹ → ㄷ → ㄱ → ㄴ

○ ✕

03 (내용 추론)

②

○ ✕

04 (중심 내용 쓰기)

흙을 채취하여 점토를 만들고, 이것으로 도자기의 형태를 만들어 건조한 후 가마에 넣고 굽는 과정을 거쳐 도자기가 만들어진다.

○ ✕

01 1 1문단에서 고려 시대의 '청자', 조선 시대의 '백자'와 같이 우리 조상들은 예로부터 도자기를 만들어 사용하였다고 했어요.
2 3문단에서 물레는 아래 판을 '발로' 돌리면 위 판도 함께 돌아 그 회전력을 이용하여 도자기를 빚는다고 했어요.

02 도자기를 만들기 위해서는 먼저 도자기의 재료가 되는 점토를 만들어야 해요. 이 과정에서 불순물을 제거한 점토를 치고 밟아 입자를 고르게 해요(ㄹ). 점토가 마련되면 물레 등을 이용하여 도자기의 형태를 만들어요(ㄷ). 그늘에서 충분히 건조한(ㄱ) 도자기를 초벌구이한 후 유약을 발라 재벌구이하면(ㄴ) 도자기가 완성돼요.

03 굽기 과정에서 초벌구이된 도자기에 바르는 유약은 도자기의 겉면을 매끄럽고 단단하게 해 주는 역할을 해요.

(오답풀이)
① 점토를 만드는 과정에서 흙의 불순물을 제거하기 위해 흙을 곱게 갈아 물에 풀어 채에 거르고, 물에 가라앉은 점토를 다시 햇빛에 말렸다가 물에 담그기를 반복해야 해요.
③ 도자기의 형태를 만드는 과정에서 도자기의 모양이 일그러지지 않도록 하기 위해 손으로는 점토에 가하는 힘을 조절하고 발로는 물레가 돌아가는 속도를 조절해야 해요.
④ 점토를 만드는 과정에서 점토의 입자를 한층 더 균일하게 하고 점토 속의 기포를 제거하기 위해 점토를 치고 밟아요.
⑤ 도자기를 건조하는 과정에서 도자기 안쪽 면이나 점토 내부까지 충분히 건조하기 위해 도자기를 가마에 넣어 굽기 전에 충분한 건조 시간을 가져야 해요.

04 이 글은 도자기를 만드는 과정을 설명하고 있어요. 도자기를 만드는 과정은 흙을 채취하여 점토를 만들고, 이것으로 도자기의 형태를 만들어 충분히 건조한 후 초벌구이와 유약 바르기, 재벌구이를 거쳐 이루어져요.

◀ 어휘를 익혀요 ▶

본문 35쪽

01 **1** ㄴ　**2** ㄷ　**3** ㄱ　　**02** **1** 입자　**2** 기포　**3** 불순물　　**03** **1** 미세　**2** 가마

본문 36~37쪽

코칭 Tip 이 글은 초등학생의 휴대 전화 사용에 관한 찬반 토론을 담은 토론문입니다. 찬성 측과 반대 측에서 근거로 제시한 의견의 타당성을 따져 보고, 토론 참여자의 역할과 바람직한 토론 태도에 대해서도 생각하며 글을 읽을 수 있도록 합니다.

1 지민(사회자): 오늘은 '초등학생의 휴대 전화 사용은 바람직한가?'라는 논제로 토론을 해 보겠습니다. 이 논제는 지
중심 소재
토론의 논제
난 학급 회의에서 제안된 여러 논제 중 다수결에 따라 결정하였습니다. 『토론 형식은 찬반 토론으로 진행하겠습니다.
『 』: 토론 방법을 안내함
어떤 문제에 대하여 찬성 측과 반대 측으로 나뉘어 각각 의견을 말하며 논의하는 토론
논제에 대한 찬성 측과 반대 측의 의견을 들은 후, 판정을 하기 전에 청중의 의견도 들어 보겠습니다.』그럼 먼저 찬

성 측의 의견을 듣겠습니다.
▶ 논제 및 토론 방법

2 준희: 초등학생의 휴대 전화 사용은 바람직합니다. 부모님과 연락하기 위해 휴대 전화가 필요하기 때문입니다. 중
찬성 측의 주장   찬성 측의 근거
요한 일이나 위급한 일이 생겼을 때 바로 부모님께 알리려면 휴대 전화가 있어야 합니다. 또한 휴대 전화가 있으면

사고나 범죄를 당하거나 목격했을 때 병원이나 경찰에 연락할 수도 있습니다. 이는 초등학생의 안전과도 관련이 있

습니다.

지민: 찬성 측의 발언 잘 들었습니다. 찬성 측에서는 부모님과 빠른 연락을 위해 휴대 전화가 필요하다고 했습니다. 다

음으로 반대 측의 의견을 들어 보겠습니다.
▶ 찬성 측의 주장과 근거

3 수경: 초등학생의 휴대 전화 사용은 바람직하지 않다고 생각합니다. 휴대 전화는 초등학생의 건강에 유해하기 때
반대 측의 주장   반대 측의 근거
문입니다. 초등학생은 아직 통제력이 부족하기 때문에 휴대 전화를 지나치게 많이 사용할 수 있습니다. 지나친 휴대

전화 사용은 눈이나 목 등에 무리를 주게 됩니다. 또한 걸어 다니면서 휴대 전화를 사용하기도 하는데, 이는 안전상

매우 위험한 행동입니다.

지민: 네. 반대 측의 발언 잘 들었습니다. 반대 측에서는 휴대 전화가 초등학생의 건강에 유해하다고 했습니다. 그럼 이

번에는 청중의 의견을 들어 보겠습니다.
▶ 반대 측의 주장과 근거

4 예성: (갑자기 자리에서 일어나며 큰 소리로) 휴대 전화는 친구들과 소통하는 데 방해가 되므로 초등학생의 휴대 전화
반대 측 주장을 뒷받침하는 근거
사용에 반대합니다. 친구와 함께 있을 때도 휴대 전화로 게임을 하거나 다른 친구와 메신저를 하느라 정작 바로 옆에

있는 친구와 얘기하지 않는 경우도 있습니다. 초등학생 때는 친구들과 직접 이야기하고 뛰놀면서 소통하는 것이 중요

합니다.

지민: 네. 휴대 전화가 친구들과의 직접적인 소통에 방해가 된다는 의견이었습니다. 다만 의견을 말할 때에는 발언권을
청중의 바람직하지 않은 토론 태도를 지적함
얻은 후에 말씀해 주시길 바랍니다.
▶ 반대 측 입장의 청중의 의견

5 현화: (손을 들어 발언권을 얻은 후에) 휴대 전화는 학습에 도움이 되므로 초등학생의 휴대 전화 사용에 찬성합니다.
찬성 측 주장을 뒷받침하는 근거
저는 궁금한 것이 있으면 휴대 전화를 이용하여 찾아봅니다. 또한 휴대 전화를 통해 책도 볼 수 있고, 여러 가지 학

습을 할 수도 있습니다. 휴대 전화를 지나치게 많이 사용할 경우 해가 될 수 있지만, 시간을 정해서 적당히 사용하면

유익한 점이 훨씬 많습니다.

지민: 휴대 전화가 학습에 도움이 된다는 의견이었습니다. 양측의 발언과 이에 대한 청중의 의견까지 잘 들었습니다.

그럼 찬반 토론에 대한 판정을 위해 투표를 실시하겠습니다.
▶ 찬성 측 입장의 청중의 의견

❯❯ 글 내용 한눈에 보기 •••

본문 37쪽

1 휴대 전화   **2** 연락   **3** 건강   **4** 소통   **5** 학습

◀ 글을 이해해요 ▶

✔ 자기 평가

본문 38쪽

01 (내용 이해)
  1 ◯   **2** ✕

○ ✕

02 (내용 추론)
  ①

○ ✕

03 (내용 추론)
  ②

○ ✕

04 (중심 내용 쓰기)
  '초등학생의 휴대 전화 사용은 바람직한가?'라는 논제에 대해 부모님과 빠른 연락을 위해 필요하며 학습에 도움이 되므로 찬성하는 입장과, 휴대 전화가 건강에 유해하며 친구들과 소통하는 데 방해가 되므로 반대하는 입장이 있다.

○ ✕

01 **1** 이 토론의 사회자는 지민이로, 토론의 논제를 제시하고, 토론 방법을 안내하며, 찬성 측과 반대 측의 발언 순서를 알려 주는 등 토론을 진행했어요. 또한 토론 참여자의 발언 후에는 그 의견을 정리해 주었어요.
2 현화가 손을 들어 발언권을 얻은 후에 자기 의견을 말한 것과 달리, 예성이는 사회자에게 발언권을 얻지 않고 갑자기 자리에서 일어나 큰 소리로 자기 의견을 말했어요.

02 1문단에서 사회자인 지민이가 '초등학생의 휴대 전화 사용은 바람직한가?'라는 토론의 논제를 제시하면서 이 논제는 지난 학급 회의에서 제안된 여러 논제 중 다수결에 따라 결정했다고 밝히고 있어요.

03 달력이나 메모장, 계산기 등 휴대 전화의 다양한 기능을 편리하게 이용할 수 있다는 의견은 초등학생의 휴대 전화 사용에 대해 긍정적인 입장인 찬성 측에서 근거로 제시할 수 있어요.

(오답풀이)
① 비싼 휴대 전화를 가지고 다니다가 잃어버릴 수 있다는 의견은 반대 측에서 근거로 제시할 수 있어요.
③ 휴대 전화를 지나치게 사용하면 요금이 많이 나올 수 있다는 의견은 반대 측에서 근거로 제시할 수 있어요.
④ 초등학생의 스트레스 해소에 도움을 줄 수 있다는 의견은 찬성 측에서 근거로 제시할 수 있어요.
⑤ 어릴 때부터 디지털 미디어 환경에 익숙해질 수 있다는 의견은 찬성 측에서 근거로 제시할 수 있어요.

04 이 글은 '초등학생의 휴대 전화 사용은 바람직한가?'라는 논제로 진행된 찬반 토론의 내용을 담고 있어요.

◀ 어휘를 익혀요 ▶

본문 39쪽

01 **1** ㄴ   **2** ㄱ   **3** ㄷ   **02** **1** 유해   **2** 유익   **3** 위급   **03** **1** 다수결   **2** 논제   **3** 통제력

09 너는 무슨 형이야?

코칭Tip 이 글은 혈액형의 유전에 대해 설명하는 글입니다. 구체적인 사례를 바탕으로 혈액형 유전자의 조합에 따라 혈액형이 어떻게 정해지는지 이해하며 글을 읽을 수 있도록 합니다.

1 부모와 자식은 닮은 경우가 많다. 어머니와 아버지의 유전 정보가 자식에게 그대로 전해지기 때문이다. 부모가 가 _{부모와 자식이 닮은 이유} 진 성격이나 체질, 외모 등의 유전 정보는 유전자에 담겨 부모에게서 자식에게로 전해진다. **혈액형** 역시 부모에게서 전 _{중심 소재} 해지는 유전 정보 중 하나이다. 혈액형은 에이비오(ABO)식 혈액형이 널리 알려져 있고, 에이비오식에 따라 네 가지 혈 액형으로 구분한다. 에이비오식 혈액형에서 전해지는 혈액형 유전자는 A, B, O의 세 가지이고, 자식은 부모에게서 각 _{에이비오식 혈액형 유전자의 종류} 각 하나씩을 물려받게 된다. 물려받은 혈액형 유전자의 조합에 따라 A, B, AB, O의 네 가지 혈액형이 나온다. _{에이비오식 혈액형의 종류} ▶ 에이비오식에 따라 네 가지로 구분되는 혈액형

2 혈액형 유전자는 A, B, O의 세 가지인데, 그 조합의 결과는 A, B, AB, O로 왜 네 가지일까? 좀 더 깊이 들여다보 자. 우리가 A형이라고 부르는 혈액형은 AA 혹은 AO를 말한다. B형도 마찬가지로 BB 혹은 BO가 있다. 부모에게서 하 나씩 받은 것을 모두 표시했을 때 말이다. 이때 유전자 A와 B는 유전자 O보다 두드러지게 드러나는 성질이 있다. 그래 _{혈액형 유전자의 특징} 서『A와 O가 만나면 AO이지만 두드러지는 성질에 따라서 A형이 된다. 마찬가지로 B와 O가 만나면 BO이지만 B형이 『: 혈액형 유전자의 조합에 따라 정해지는 혈액형 된다. A와 A가 만나면 AA가 되어 A형, B와 B가 만나면 BB가 되어 B형, O와 O가 만나면 OO가 되어 O형이 된다. 마 지막으로 A와 B가 만나면 AB가 되어 AB형이 된다.』 ▶ 혈액형 유전자 A, B, O의 조합으로 정해지는 혈액형

3『예를 들어, 진아의 아버지는 A형 중에서 AO, 진아의 어머니는 B형 중에서 BO라고 하자. 그러면 진아의 혈액형은 『 』: 예를 들어 독자의 이해를 도움 무엇일까? 진아의 아버지는 진아에게 A 또는 O를 전해 줄 수 있다. 진아의 어머니는 진아에게 B 또는 O를 전해 줄 수 있다. 아버지의 A와 어머니의 B가 만나면 진아는 AB형이 된다. 아버지의 A와 어머니의 O가 만나면 AO가 되어 진아 _{혈액형 유전자 조합의 사례 ①} _{혈액형 유전자 조합의 사례 ②} 는 A형이 된다. 아버지의 O와 어머니의 B가 만나면 BO로 진아는 B형이 된다. 그리고 아버지의 O와 어머니의 O가 만 _{혈액형 유전자 조합의 사례 ③} _{혈액형 유전자 조합의 사례 ④} 나면 진아는 O형이 된다.』 ▶ 혈액형 유전자 조합의 구체적 사례

4 혈액형은 에이비오식 혈액형 말고도 아르에이치(Rh)식 혈액형으로도 나눈다. 우리가 보통 A형, B형, AB형, O형 이라고 말하는 것은 아르에이치식으로 분류할 때 아르에이치 양성인 경우로 Rh+ 혈액형인 경우이다. 아르에이치 음성 _{아르에이치식 혈액형의 종류 ①} _{아르에이치식 혈액형의 종류 ②} 인 Rh− 혈액형은 에이비오식 혈액형 앞에 Rh− 표시를 하여 구분한다. 우리나라 사람의 대부분은 Rh+ 혈액형이고, Rh− 혈액형은 매우 드물다. ▶ 아르에이치식에 따라 양성과 음성으로 구분되는 혈액형

5 이처럼 사람마다 다른 혈액형을 알아 두어야 하는 이유는 무엇일까? 우리가 사고를 당했거나 수술을 한다고 생각 _{수혈이 필요한 상황} 해 보자. 피를 너무 많이 흘려 생명이 위험해질 수 있다. 이럴 때 건강한 사람의 피를 혈관에 직접 넣어 부족해진 혈액 을 채워 주면 생명을 살릴 수 있다. 이때 같은 혈액형의 피를 넣지 않으면 몸에 이상이 생길 수 있으므로 자신의 혈액형 _{= 수혈} 을 아는 일은 매우 중요하다. 한편 만 16~69세의 건강한 사람이라면 간단한 검사 후에 피를 기부할 수 있다. 이를 '헌 _{혈액형을 알아야 하는 이유} 혈'이라고 하는데, 일 년에 다섯 번 정도까지 가능하다. 피를 뽑는 것만으로도 우리는 다른 사람의 생명을 살릴 수 있는 것이다. ▶ 혈액형을 알아야 하는 이유와 헌혈의 중요성

❯❯ 글 내용 한눈에 보기 •••
본문 41쪽

1 혈액형　**2** A　**3** O　**4** 음성

◀ 글을 이해해요 ▶
✔ 자기 평가　　본문 42쪽

01 (내용 이해)

　1 A, B, O　　**2** 같은

02 (내용 이해)

　①

03 (내용 추론)

　1 AB형(AB)　**2** A형(AO)

04 (중심 내용 쓰기)

　에이비오식 혈액형에서 혈액형 유전자는 A, B, O의 세 가지이고, 혈액형 유전자의 조합에 따라 A, B, AB, O의 네 가지 혈액형이 나온다.

01 **1** 1문단에서 에이비오식 혈액형 유전자는 'A, B, O'의 세 가지라고 했어요.

2 5문단에서 피를 너무 많이 흘려 생명이 위험할 때 수혈을 하면 생명을 살릴 수 있는데, 이때 '같은' 혈액형의 피를 넣지 않으면 몸에 이상이 생길 수 있다고 했어요.

02 5문단에서 만 16~69세의 건강한 사람이라면 간단한 검사 후에 피를 기부할 수 있다고 했어요. 즉, 만 16세 이상이 되어야 헌혈을 할 수 있으므로 초등학생은 헌혈을 할 수 없어요.

(오답 풀이)

② 1문단에서 혈액형 역시 부모에게서 전해지는 유전 정보 중 하나라고 했어요.

③ 3문단에서 진아의 아버지는 A형이고 진아의 어머니는 B형인데, 혈액형 유전자의 조합에 따라 진아는 AB형, A형, B형, O형이 될 수 있다고 했어요.

④ 4문단에서 혈액형은 에이비오식 혈액형 말고도 아르에이치식 혈액형으로도 나눈다고 했어요. 혈액형은 에이비오식에 따라 A형, B형, AB형, O형으로 구분하고, 아르에이치식에 따라 양성인 Rh+, 음성인 Rh−로 구분해요.

⑤ 2문단에서 A형이라고 부르는 혈액형은 AA 혹은 AO를 말하고, B형도 마찬가지로 BB 혹은 BO가 있다고 했어요.

03 아빠는 아이에게 A 또는 B를 전해 줄 수 있고, 엄마는 아이에게 B 또는 O를 전해 줄 수 있어요. 따라서 아빠의 A와 엄마의 B가 만나면 아이는 'AB형(AB)'이 되고, 아빠의 A와 엄마의 O가 만나면 아이는 'A형(AO)'이 되며, 아빠의 B와 엄마의 B 또는 O가 만나면 아이는 B형(BB, BO)이 돼요.

04 이 글은 혈액형의 유전에 대해 설명하고 있어요. 에이비오식 혈액형에서 전해지는 혈액형 유전자는 A, B, O의 세 가지이고, 물려받은 혈액형 유전자의 조합에 따라 A, B, AB, O의 네 가지 혈액형이 나와요.

◀ 어휘를 익혀요 ▶
본문 43쪽

01 **1** ㄷ　**2** ㄴ　**3** ㄱ　　**02** **1** 헌혈　**2** 기부　**3** 물려받　　**03** **1** 조합　**2** 유전자

10 계절마다 변해요

❶ 우리나라의 기후는 봄, 여름, 가을, 겨울에 따라 변화가 크고, 지역에 따라서도 조금씩 다르다. 계절에 따라 기온
중심 소재
과 강수량의 차이가 생기는 이유는 우리나라의 위치와 관계가 깊다. 지구는 약간 비스듬한 상태로 태양의 주위를 돈다.
계절에 따른 기온과 강수량 차이에 영향을 미치는 요인
지구가 태양 주위를 돌 때, 태양 빛을 많이 받는 위치에 있으면 기온이 높고, 태양 빛을 적게 받는 위치에 있으면 기온
이 낮다. 따라서 우리나라가 태양 빛을 많이 받는 위치에 있을 때가 여름이고, 태양 빛을 덜 받는 위치에 있을 때는 겨
우리나라의 위치에 따른 계절의 변화
울이다.

▶ 계절에 따라 변화가 큰 우리나라의 기후

❷ 우리나라는 가장 더운 적도 지역과 가장 추운 북극 지역 사이에 있다. 그래서 우
리나라의 기후는 주변에 있는 여러 공기 덩어리의 영향을 받는다. 겨울에는 북서쪽의
춥고 건조한 공기 덩어리가 몰려오고, 여름에는 남동쪽의 덥고 습한 공기 덩어리가 몰
겨울에 우리나라 기후에 영향을 주는 공기 덩어리   여름에 우리나라 기후에 영향을 주는 공기 덩어리
려온다. 그래서 우리나라는 여름과 겨울의 기온 차이가 무척 크다.   ▶ 계절에 따른 기온 차이

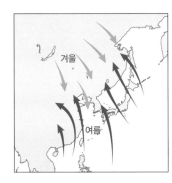

❸ 우리나라는 계절에 따라 강수량도 차이가 난다. 덥고 습한 공기 덩어리 때문에 여
여름에 비가 많이 오는 이유
름에 비가 많이 내린다. 그래서 6월부터 10월까지의 강수량이 일 년 동안의 강수량 중
에서 반 이상을 차지한다. 또한 여름철에는 여러 날 계속해서 비가 내리는 장마가 오기
도 한다. 반대로 춥고 건조한 공기 덩어리의 영향을 받는 겨울에는 강수량이 적다.
겨울에 강수량이 적은 이유

▶ 계절에 따른 강수량 차이

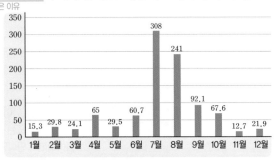

▲ 우리나라의 연간 강수량(단위: mm)

❹ 우리나라는 다른 나라에 비해 나라의 크기가 큰 편은 아니다. 하지만 남북으로
길게 뻗어 있어 남쪽과 북쪽의 기온 차이가 크다. 남쪽으로 갈수록 기온이 높아지
남쪽의 기온 〉 북쪽의 기온
고, 북쪽으로 갈수록 기온이 낮아진다. 남쪽과 북쪽 간의 기온 차이보다는 작지만
우리나라의 동쪽과 서쪽 간에도 기온 차이가 있다. 겨울철에는 태백산맥이 북서쪽
겨울철에 동쪽 지역이 서쪽 지역보다 따뜻한 이유
에서 불어오는 차가운 바람을 막아 주어 동쪽 지역이 서쪽 지역보다 조금 더 따뜻하
동쪽의 기온 〉 서쪽의 기온
다. 지역에 따라 강수량에도 차이가 있다. 북쪽에서 남쪽으로 갈수록 강수량이 많아
남쪽의 강수량 〉 북쪽의 강수량
지고, 남해안과 동해안처럼 바닷가 지역이 내륙 지역에 비해 강수량이 많다.
바닷가 지역의 강수량 〉 내륙 지역의 강수량   ▶ 지역에 따른 기온과 강수량의 차이

내가 찬바람을
막아 줘요!

태백산맥

동쪽 지역

서쪽 지역

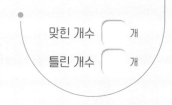

글 내용 한눈에 보기 •••
본문 45쪽

1 계절 **2** 기온 **3** 비 **4** 지역

글을 이해해요
✔ 자기 평가
본문 46쪽

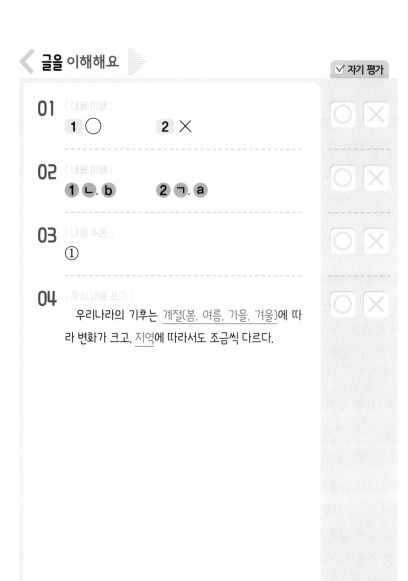

01 (내용 이해)
1 ○   **2** ✕

02 (내용 이해)
1 ㄴ, b   **2** ㄱ, a

03 (내용 추론)
①

04 (중심 내용 쓰기)
　우리나라의 기후는 계절(봄, 여름, 가을, 겨울)에 따라 변화가 크고, 지역에 따라서도 조금씩 다르다.

01 **1** 1문단에서 지구는 약간 비스듬한 상태로 태양 주위를 돈다고 했어요.
2 4문단에서 겨울철에는 태백산맥이 북서쪽에서 불어오는 차가운 바람을 막아 주어 동쪽 지역이 서쪽 지역보다 조금 더 따뜻하다고 했어요.

02 2문단에서 우리나라의 기후는 주변에 있는 여러 공기 덩어리의 영향을 받는데, 겨울에는 북서쪽의 춥고 건조한 공기 덩어리가 몰려오고, 여름에는 남동쪽의 덥고 습한 공기 덩어리가 몰려온다고 했어요.

03 3문단에서 덥고 습한 공기 덩어리 때문에 여름에 비가 많이 내리고, 반대로 춥고 건조한 공기 덩어리의 영향을 받는 겨울에는 강수량이 적다고 했어요.
(오답풀이)
② 3문단에서 우리나라는 계절에 따라 강수량도 차이가 난다고 했어요.
③ 4문단에서 북쪽에서 남쪽으로 갈수록 강수량이 많아진다고 했어요.
④ 4문단에서 남해안과 동해안처럼 바닷가 지역이 내륙 지역에 비해 강수량이 많다고 했어요.
⑤ 3문단에서 6월부터 10월까지의 강수량이 일 년 동안의 강수량 중에서 반 이상을 차지한다고 했어요.

04 이 글은 우리나라의 기후에 대해 설명하고 있어요. 우리나라의 기후는 여름에는 남동쪽의 덥고 습한 공기 덩어리의 영향을 받고, 겨울에는 북서쪽의 춥고 건조한 공기 덩어리의 영향을 받아서 계절에 따라 기온과 강수량의 차이가 커요. 또한 지역에 따라서도 기온과 강수량이 조금씩 차이가 나요.

어휘를 익혀요
본문 47쪽

01 **1** ㄷ **2** ㄴ **3** ㄱ   **02** **1** 습 **2** 건조 **3** 기온   **03** **1** 내륙 **2** 장마

25

11 개미와 꿀벌, 이렇게 산다

본문 48~49쪽

> **코칭 Tip** 이 글은 개미와 꿀벌의 무리 생활에 대해 설명하는 글입니다. 개미와 꿀벌이 어떻게 무리 생활을 하는지 이해하고, 개미와 꿀벌이 무리 생활을 할 수 있는 이유를 파악하며 글을 읽을 수 있도록 합니다.

1 인간은 오래전부터 여럿이 모여 무리를 지어 생활해 왔다. 여러 개체가 모여 살기 위해서는 서로의 생각을 주고받는 의사소통이 필수적이다. 그런데 곤충 중에서도 의사소통을 하는 종이 있다고 한다. 과연 어떤 곤충이 어떤 방법으로 의사소통을 할까?
▶ 의사소통을 하는 곤충

2 이솝 우화 「개미와 베짱이」의 개미는 먹을거리를 모아 두고 겨울에 걱정 없이 지낸다. 실제로도 개미는 개미 사회의 우두머리인 여왕개미를 중심으로 무리를 지어 먹이를 모으고 각자 맡은 일을 부지런히 한다. 이렇게 열심히 일하는 일개미는 모두 암개미로, 여왕개미가 낳은 알과 애벌레를 돌본다. 일개미는 먹이를 찾고 나르는 일도 한다. 집을 짓고 고치는 일을 하거나 집을 지키는 일을 하는 일개미도 있다. 여왕개미는 평생 알을 낳으며 개미의 수를 늘린다. 여왕개미가 낳은 암개미는 일개미가 되어 열심히 일을 하고 수개미는 또 다른 여왕개미와 짝짓기를 한다. 이러한 분업을 통해 개미는 지구상에 오랫동안 살아남아 왔다.
▶ 무리를 지어 살며 분업을 하는 개미

3 개미는 여럿이 함께 일하기에 다양한 방법으로 서로의 생각을 전한다. 개미는 주로 페로몬과 소리를 이용하는데, 페로몬은 동물, 특히 곤충이 내뿜는 물질로 같은 종류의 곤충에게 어떤 행동을 하게 한다. 개미는 여러 종류의 페로몬을 내뿜어 「다른 개미에게 먹이가 있다는 것을 알리기도 하고, 자신들의 영역을 표시하기도 한다. 침입하려는 다른 곤충을 발견했을 때에는 다른 개미에게 위험을 알리기도 한다.」 또한 개미는 몸을 긁어서 내는 소리로도 생각을 전달한다. 이 소리는 굉장히 작아서 사람에게는 거의 들리지 않는다.
▶ 페로몬과 소리를 이용하여 생각을 전달하는 개미

4 꿀벌도 개미처럼 무리를 지어 살며 분업을 한다. 꿀벌 사회의 우두머리인 여왕벌은 하루에 1,500개 정도의 알을 낳는다. 여왕벌이 낳은 수벌과 암벌은 각각 다른 일을 한다. 개미 사회처럼 수벌은 여왕벌과 짝짓기를 하고, 암벌은 일벌로 살아간다. 꽃이 피면 일벌은 쉴 틈이 없다. 꿀 1g을 얻으려면 약 8,000송이의 꽃을 찾아다녀야 하기 때문이다. 이렇게 꿀을 모아 애벌레도 먹이고 겨울도 난다. 일벌의 일은 일개미의 일과 비슷하다. 일벌은 여왕벌과 알을 돌보며, 애벌레를 기른다. 이 밖에도 꿀을 찾고 나르며, 집을 청소하고, 집을 지키는 일이 모두 일벌의 몫이다.
▶ 무리를 지어 살며 분업을 하는 꿀벌

5 꿀벌도 개미처럼 자신의 생각을 전달할 수 있다. 꿀이 많은 꽃밭을 찾은 일벌은 벌집으로 돌아와 꿀이 많은 곳의 위치를 다른 일벌에게 알려 준다. 이때 일벌의 화려한 춤을 볼 수 있다. 꽃밭이 가까이 있으면 일벌은 동그랗게 움직이며 춤을 춘다. 꽃밭이 멀리 있으면 일벌은 8자 모양으로 움직이며 춤을 춘다. 이때는 꼬리를 흔들며 춤을 추는데 꼬리를 흔드는 속도가 느릴수록 꽃밭이 더 멀리 있다는 뜻이다.
▶ 춤을 이용하여 생각을 전달하는 꿀벌

6 인간과 같이 무리를 지어 사는 대표적인 곤충으로 개미와 꿀벌이 있다. 개미와 꿀벌 역시 다른 개체와 서로 생각을 주고받는데, 개미는 페로몬이나 소리를 이용하고 꿀벌은 춤을 이용한다. 이러한 의사소통 능력을 바탕으로 개미와 꿀벌은 각자 할 일을 나누어 하면서 무리 생활을 유지할 수 있다.
▶ 의사소통과 분업을 통해 무리 생활을 유지하는 개미와 꿀벌

❤ 글 내용 한눈에 보기 ●●●

본문 49쪽

1 일개미 **2** 여왕벌 **3** 페로몬 **4** 춤

◀ 글을 이해해요 ▶

☑ 자기 평가

본문 50쪽

01 (내용 이해)
1 ◯   **2** ✕
◯ ✕

02 (내용 추론)
③
◯ ✕

03 (내용 이해)
1 춤   **2** 동그랗게   **3** 8자
◯ ✕

04 (중심 내용 쓰기)
개미와 꿀벌은 <u>의사소통</u> 능력을 바탕으로 <u>분업</u>을 하면서 <u>무리</u>를 지어 산다.
◯ ✕

01 **1** 3문단에서 개미가 생각을 전하는 방법을 설명하고 있어요. 개미는 여러 종류의 페로몬을 내뿜어 다른 개미에게 먹이가 있다는 것을 알리기도 하고, 자신들의 영역을 표시하기도 하며, 침입하려는 다른 곤충을 발견했을 때에는 다른 개미에게 위험을 알리기도 해요.
2 4문단에서 일벌은 여왕벌과 알을 돌보며, 애벌레를 기른다고 했어요. 하지만 알을 낳는 것은 일벌이 아니라 여왕벌이에요.

02 개미와 꿀벌은 여왕, 수컷, 암컷이 각자 맡은 일을 해요. 여왕은 알을 낳고, 수컷은 여왕과 짝짓기를 하며, 암컷은 알과 애벌레 돌보기, 먹이 찾기, 집 짓고 지키기 등의 일을 해요.

(오답풀이)
① 일하는 일개미와 일벌은 모두 암컷이에요.
② 개미 사회의 우두머리는 여왕개미이고, 꿀벌 사회의 우두머리는 여왕벌이에요.
④ 개미와 꿀벌 모두 무리를 지어 살면서 분업을 해요.
⑤ 개미와 마찬가지로 꿀벌도 여왕벌만 알을 낳아요. 암벌은 일벌로 살아가요.

03 5문단에서 꿀벌의 의사소통 방법을 설명하고 있어요. 꿀이 많은 꽃밭을 찾은 일벌은 벌집으로 돌아와 꿀이 많은 곳의 위치를 '춤'을 추어 다른 일벌에게 알려 줘요. 이때 꽃밭이 가까이 있으면 일벌은 '동그랗게' 움직이며 춤을 추고, 꽃밭이 멀리 있으면 일벌은 '8자' 모양으로 움직이며 춤을 춰요.

04 이 글은 개미와 꿀벌의 무리 생활에 대해 설명하고 있어요. 개미는 페로몬이나 소리를 통해, 꿀벌은 춤을 통해 자신의 생각을 전할 수 있어요. 이와 같이 개미와 꿀벌은 의사소통 능력을 바탕으로 분업을 하면서 무리 생활을 유지할 수 있어요.

◀ 어휘를 익혀요 ▶

본문 51쪽

01 **1** ㄷ **2** ㄴ **3** ㄱ   **02** **1** 필수적 **2** 화려 **3** 침입   **03** **1** 분업 **2** 영역

12 조선 시대의 통신 수단

본문 52~53쪽

코칭Tip 이 글은 조선 시대의 통신 수단인 봉수와 파발에 대해 설명하는 글입니다. 봉수와 파발의 구체적인 방법과 장단점을 파악하며 글을 읽을 수 있도록 합니다.

1️⃣ 우리는 멀리 있는 사람과 소식을 주고받을 때 전화나 이메일을 이용한다. 그렇다면 이런 통신 수단이 없었던 옛날
<small>통신 수단의 필요성</small>
에는 어떠했을까? 옛날에도 멀리 있는 사람에게 소식을 전할 수 있는 방법이 있었다. 『전쟁 중에 공격하라는 뜻으로 북
<small>『 』: 옛날 통신 수단의 예</small>
을 치거나 외적이 나타났다는 것을 알리기 위해 하늘에 연을 띄우기도 했다.』조선 시대에는 **봉수와 파발**이 중요한 통신 수
<small>중심 소재</small>
단이었다.
<small>▶ 조선 시대의 중요한 통신 수단이었던 봉수와 파발</small>

2️⃣ 봉수는 높은 산 위에 있는 봉수대에서 낮에는 연기, 밤에는 불을 피워서 급한 소식을 임금이 있는 한양까지 전하는
<small>□: 조선 시대의 통신 수단　　　　　　봉수로 소식을 전하는 방법</small>
방법이었다. 봉수대에는 굴뚝 다섯 개가 나란히 있는데, 이『굴뚝에서 연기나 불이 한 개 피어오르면 아무 일도 없는 것
<small>『 』: 굴뚝에서 피어오르는 연기나 불의 개수에 따른 봉수의 전달 의미</small>
이었다. 적이 멀리에서 나타나면 두 개, 국경에 좀 더 가까이 오면 세 개에 연기나 불을 피웠다. 적이 국경을 넘어 쳐들
어오면 네 개, 적과 우리 사이에 전투가 벌어지면 다섯 개에 연기나 불을 피워 소식을 전했다.』봉수로 한양까지 소식을
전하기 위해서는 여러 산꼭대기에 수많은 봉수대를 설치해야 했다.
<small>▶ 봉수대에 연기나 불을 피워 소식을 전하던 봉수</small>

3️⃣ 파발은 사람이 걷거나 말을 타고 가서 문서를 전하는 방법이었다. 파발에는 나름의 표시가 있었다. 일이 급한 정도
<small>파발로 소식을 전하는 방법</small>
에 따라 파발에 1~3개의 방울을 달았는데 정말 급한 일에는 방울 3개를 달았다. 파발은 중간중간 이어 주는 곳이 필요
<small>파발에 달린 방울의 개수에 따른 급한 정도</small>
했다. 먼 거리를 사람과 말이 걷거나 달려서 한 번에 갈 수는 없었기 때문이다. 그래서 사람과 말을 바꿀 수 있는 '참'이
일정한 거리마다 있었다. 또한 봉수와 파발에는 정해진 길이 있었다. 봉수도 정해진 봉수대끼리 정보를 주고받았으며,
<small>봉수와 파발의 특징</small>
파발도 소식을 전하는 사람이 주로 다니는 길이 있었다.
<small>▶ 사람이 걷거나 말을 타고 가서 소식을 전하던 파발</small>

4️⃣ 봉수는 국경에서 한양까지 약 12시간이면 전달되어 소식을 전하는 속도가 빨랐다. 그러나 비가 오거나 안개가 끼
<small>봉수의 장점: 전달 속도가 빠름　　　　　　　　　　　　　봉수의 단점 ①: 날씨의 영향을 받음</small>
면 쓸 수 없었다. 그래서 사용하게 된 방법이 파발이다. 파발은 소식을 전하는 데 봉수보다 오래 걸리고 돈도 많이 들었
<small>파발의 단점: 전달 속도가 느리고 돈이 많이 듦</small>
지만 날씨에 관계없이 이용할 수 있었다. 또한 봉수는 한 봉수대에서 문제가 생기면 다음 봉수대에서는 아무것도 알 수
<small>파발의 장점 ①: 날씨의 영향을 받지 않음　　　　　　　　봉수의 단점 ②: 한 봉수대에 문제가 생기면 소식을 전할 수 없음</small>
없었다. 하지만 파발은 사람이 문서로 내용을 전하기 때문에 정확한 정보를 전할 수 있었다.
<small>파발의 장점 ②: 정확한 정보를 전함　　　　　　　　　　　　　　　　　　　　　　　　　▶ 봉수와 파발의 장단점</small>

≫ 글 내용 한눈에 보기 •••

본문 53쪽

1 불 **2** 말 **3** 빠름 **4** 비 **5** 정확

◀ 글을 이해해요 ▶

☑ 자기 평가

본문 54쪽

01 (내용 이해)
1 ◯   **2** ◯   **3** ✕
4 ◯

○ ✕

02 (내용 이해)
④

○ ✕

03 (내용 추론)
②

○ ✕

04 (중심 내용 쓰기)
　조선 시대에는 <u>봉수</u>와 <u>파발</u>이 중요한 <u>통신 수단</u>이었다.

○ ✕

01 **1**, **3** 4문단에서 파발은 소식을 전하는 데 봉수보다 오래 걸리고 돈도 많이 들었다고 했어요.
2 4문단에서 파발은 사람이 문서로 내용을 전하기 때문에 정확한 정보를 전할 수 있었다고 했어요.
4 4문단에서 봉수는 비가 오거나 안개가 끼면 쓸 수 없었지만, 파발은 날씨에 관계없이 이용할 수 있었다고 했어요.

02 봉수로 한양까지 소식을 전하기 위해서는 여러 산꼭대기에 수많은 봉수대를 설치해야 했어요. 따라서 국경 근처에서 불을 피우면 한양에서 바로 볼 수 있는 것이 아니라, 국경과 한양 사이에 있는 수많은 봉수대를 거쳐 한양에 소식이 전해졌어요.

03 2문단에서 굴뚝에서 피어오르는 연기나 불의 개수에 따른 봉수의 전달 의미를 설명하고 있어요. 봉수대에는 굴뚝 다섯 개가 나란히 있는데, 이 굴뚝에서 연기나 불이 두 개 피어오르면 적이 멀리에서 나타났다는 것이에요.

(오답 풀이)
① 아무 일도 없으면 굴뚝에 연기나 불을 한 개 피웠어요.
③ 적이 국경에 좀 더 가까이 오면 굴뚝에 연기나 불을 세 개 피웠어요.
④ 적이 국경을 넘어 쳐들어오면 굴뚝에 연기나 불을 네 개 피웠어요.
⑤ 적과 우리 사이에 전투가 벌어지면 굴뚝에 연기나 불을 다섯 개 피웠어요.

04 이 글은 조선 시대의 통신 수단에 대해 설명하고 있어요. 조선 시대에는 멀리 떨어져 있는 사람에게 소식을 전하기 위해 연기나 불을 피워 소식을 전하는 봉수와 사람이 걷거나 말을 타고 가서 문서를 전하는 파발을 통신 수단으로 이용했어요.

◀ 어휘를 익혀요 ▶

본문 55쪽

01 **1** ㄱ **2** ㄷ **3** ㄴ   **02** **1** 봉수대 **2** 통신 수단   **03** **1** 나름 **2** 국경

스티븐 호킹 박사 이야기

본문 56~57쪽

> 코칭 Tip 이 글은 스티븐 호킹 박사의 삶과 업적을 기록한 전기문입니다. 인물의 삶에 나타난 고난과 고난의 극복 과정을 이해하고, 이를 바탕으로 인물의 삶을 통해 얻을 수 있는 교훈을 파악하며 글을 읽을 수 있도록 합니다.

1 살다 보면 누구에게나 힘들고 어려운 일이 찾아올 수 있다. 이런 고난에 부딪혔을 때 어떤 사람은 이를 어떻게든 피하려고 하지만, 어떤 사람은 이를 당당히 맞서 이겨 내려고 한다. 오늘은 <u>삶의 큰 어려움을 극복하고 훌륭한 업적을</u> <u>남긴 인물에 대해 이야기하려 한다.</u> 바로 <u>스티븐 호킹</u> 박사의 이야기이다.
스티븐 호킹
중심 소재
▶ 삶의 고난을 극복하고 업적을 남긴 스티븐 호킹

2 스티븐 호킹은 1942년에 영국의 옥스퍼드에서 태어났다. 어릴 적 호킹은 밤하늘을 바라보며 <u>별은 어떻게 만들어</u>
별과 우주에 관심이 많음
<u>졌는지, 우주는 언제 생겨났는지 등 궁금한 것이 많은 아이였다.</u> 독서를 무척 좋아해서 가족들은 그를 책벌레라고 부르기도 하였다. 과학자가 되고 싶어 대학교에 입학한 호킹은 학업에 열심인 한편, 조정 선수로 활동할 정도로 건강하였다.
▶ 별과 우주에 관심이 많았으며 과학자가 되고 싶었던 스티븐 호킹

3 열정적으로 대학 생활을 하던 호킹은 언제부터인가 몸이 조금씩 둔해지는 것을 느꼈다. 길을 걷다가 이유 없이 넘어지는 일이 잦아졌고, 손가락이 잘 움직이지 않아 구두끈도 빨리 맬 수 없게 되었다. 병원을 찾아간 호킹은 루게릭병
스티븐 호킹의 첫 번째 고난
이라는 진단을 받았다.

"루게릭병은 아직 원인조차 알 수 없는 불치의 병입니다. 이 병은 온몸의 근육이 조금씩 굳으면서 결국엔 몸을 움직일 수 없게 됩니다. 앞으로 2년밖에 살지 못할 거예요."

의사의 말에도 <u>호킹은 절망하지 않았다.</u> 오히려 남은 삶을 소중하게 생각하고 더욱 열심히 연구에 몰두한 결과, 세계
스티븐 호킹의 강한 의지가 드러남
<u>를 깜짝 놀라게 하는 많은 이론을 발표하였다.</u>
스티븐 호킹의 업적
▶ 루게릭병이라는 진단을 받지만 연구를 계속한 스티븐 호킹

4 호킹은 특히 블랙홀에 관심을 가지고 연구하였다. 당시 과학자들은 블랙홀이 주위의 물질을 안으로 빨아들이기만 한다고 생각하였다. 하지만 호킹은 <u>블랙홀이 에너지를 방출하기도 한다는 사실을 발표하였으며,</u> 이것은 그의 가장 중
스티븐 호킹의 구체적인 업적 ①
요하고 훌륭한 업적으로 인정받고 있다. 그가 32세가 되던 1974년에는 <u>영국 왕립 학회의 일원이 되는 영광을 얻기도</u>
스티븐 호킹의 구체적인 업적 ②
하였다. 왕립 학회는 영국에서 가장 오래된 학회로, 아이작 뉴턴이나 알베르트 아인슈타인 같은 유명한 과학자들이 거쳐 간 곳이기도 하다. 또한 호킹이 왕립 학회에 들어갈 당시에는 그가 역사상 가장 젊은 회원이었다.
▶ 블랙홀에 대한 새로운 이론을 발표하고 영국 왕립 학회의 일원이 된 스티븐 호킹

5 병세가 악화되어 수술을 받은 뒤 호킹은 <u>목소리를 완전히 잃게 되었다.</u> 그는 컴퓨터 기계의 도움을 받아야만 의사
스티븐 호킹의 두 번째 고난
소통할 수 있었다. 그러한 불편함 속에서도 호킹은 여러 권의 책을 썼다. 그중 1988년 출판된 『시간의 역사』라는 책은
스티븐 호킹의 구체적인 업적 ③
전 세계에서 1,000만 부 이상이 팔리며 많은 사랑과 관심을 받았다.
▶ 목소리를 잃은 후에도 여러 권의 책을 쓴 스티븐 호킹

6 21세기가 되어서도 호킹은 계속해서 책을 쓰고, 전 세계를 돌면서 강연을 하였다. 걸을 수도, 말을 할 수도, 손가락을 움직여 글을 쓸 수도 없지만 호킹은 자신만의 연구 방법으로 우주의 신비를 밝혀냈다. <u>그는 아인슈타인의 뒤를 잇</u>
스티븐 호킹에 대한 평가
<u>는 훌륭한 과학자라는 칭송을 받았다.</u> 2018년, 호킹은 76세의 나이로 세상을 떠났다. 그가 남긴 연구 결과와 책들도 훌륭하지만, 어떤 역경에도 굽히지 않는 호킹의 강한 의지는 전 세계의 많은 사람들에게 감동을 주었다.
▶ 어떤 역경에도 굽히지 않는 의지로 사람들에게 감동을 준 스티븐 호킹

❯❯ 글 내용 한눈에 보기 •••

본문 57쪽

① 고난　**②** 과학자　**③** 루게릭병　**④** 블랙홀　**⑤** 목소리　**⑥** 의지

◀ 글을 이해해요 ▶

☑ 자기 평가

본문 58쪽

01 (내용 이해)
1 ✕　　**2** ◯

⭕ ✕

02 (내용 이해)
㉠ → ㉢ → ㉣ → ㉡ → ㉤

⭕ ✕

03 (내용 추론)
④

⭕ ✕

04 (중심 내용 쓰기)
　스티븐 호킹 박사는 루게릭병이라는 진단을 받은 후에도 연구를 계속하여 많은 이론을 발표하는 등 삶의 고난(큰 어려움)을 극복하고 훌륭한 업적을 남겼다.

⭕ ✕

01 **①** 2문단에서 호킹은 어릴 적부터 별과 우주에 관심이 많았으며 과학자가 되고 싶어 대학교에 입학하였다고 했어요.
② 3문단에서 호킹은 루게릭병이라는 진단을 받은 후에도 절망하지 않고, 오히려 남은 삶을 소중하게 생각하고 더욱 열심히 연구에 몰두하여 세계를 깜짝 놀라게 하는 많은 이론을 발표하였다고 했어요.

02 스티븐 호킹은 영국의 옥스퍼드에서 태어났으며(㉠), 대학교에서는 학업에 열심인 한편 조정 선수로 활동할(㉢) 정도로 건강했어요. 루게릭병이라는 진단을 받은 후에도 연구를 계속하여(㉣) 많은 이론을 발표했으며, 수술을 받은 뒤 목소리를 잃게 된(㉡) 후에도 책을 쓰고 강연을 하다가 76세의 나이로 세상을 떠났어요(㉤).

03 6문단에서 스티븐 호킹이 남긴 연구 결과와 책들도 훌륭하지만, 어떤 역경에도 굽히지 않는 호킹의 강한 의지가 전 세계의 많은 사람들에게 감동을 주었다고 했어요.

(오답 풀이)
①, ③ 호킹이 젊은 나이에 루게릭병이라는 진단을 받은 것이나 목소리를 잃은 것은 안타까운 일이기는 하지만, 그것이 사람들에게 감동을 주는 요인은 아니에요.
② 호킹이 왕립 학회에 들어갈 당시 가장 젊은 회원이었던 것은 맞지만, 그것이 사람들에게 감동을 주는 요인은 아니에요.
⑤ 블랙홀이 주위의 물질을 안으로 빨아들인다고 생각한 것은 당시 과학자들이에요. 호킹은 블랙홀이 에너지를 방출하기도 한다는 사실을 발표했어요.

04 이 글은 삶의 고난(큰 어려움)을 극복하고 훌륭한 업적을 남긴 스티븐 호킹의 이야기를 다루고 있어요. 호킹은 루게릭병이라는 진단을 받은 후에도 연구를 계속하여 많은 이론을 발표하였고, 목소리를 잃은 후에도 책을 쓰고 전 세계를 돌며 강연을 했어요.

◀ 어휘를 익혀요 ▶

본문 59쪽

01 **①** ㉡　**②** ㉢　**③** ㉠　　**02** **①** 잦아　**②** 책벌레　**③** 방출　　**03** **①** 불치　**②** 고난　**③** 업적

14 아플 때 먹는 세계의 음식

본문 60~61쪽

> **코칭Tip** 이 글은 세계 여러 나라에서 감기에 걸렸을 때 먹는 음식에 대해 설명하는 글입니다. 각 나라별로 어떤 음식을 먹는지, 각 음식은 어떤 특징과 효능이 있는지 이해하고, 나라별로 음식 문화가 다른 이유가 무엇인지 파악하며 글을 읽을 수 있도록 합니다.

1 우리나라에서는 감기에 걸리면 배즙과 생강차를 마신다. 배는 기관지를 보호하고, 열을 내려 주는 효과가 있다.
_{우리나라에서 감기에 걸렸을 때 먹는 음식}   _{배의 효능 ①}
또한 염증이나 가래를 줄여 주기도 한다. 생강은 매운맛이 조금 나는데, 이 매운맛을 내는 성분에 각종 병균을 물리치
_{배의 효능 ②}   _{생강의 효능}
는 효과가 있어 감기 예방에 좋다. 그렇다면 다른 나라에서는 감기에 걸렸을 때 어떤 음식을 먹을까?
              _{질문을 통해 독자의 흥미를 유발하고 이어지는 내용을 암시함}   ▶ 우리나라에서 감기에 걸렸을 때 먹는 배즙과 생강차

2 러시아에서는 감기에 걸리거나 몸이 아플 때 고골모골을 먹는다. 고골
                                    _{러시아에서 감기에 걸렸을 때 먹는 음식}
모골은 달걀과 우유로 만드는데, 달걀과 우유는 단백질과 지방 같은 영양소
_{고골모골의 재료}   _{달걀과 우유의 특징}
가 풍부하다. 아플 때 영양소가 풍부한 음식을 먹으면 나쁜 균을 이겨 내는
                                          _{고골모골의 효능}
힘인 면역력이 증진된다. 우유를 따뜻하게 데운 후 달걀 한 개와 꿀, 버터를
                        _{고골모골을 만드는 방법}
조금 넣어 섞으면 고골모골을 만들 수 있다.   ▶ 러시아에서 감기에 걸렸을 때 먹는 고골모골

3 핀란드에서는 감기에 걸리면 양파 우유를 먹는다. 양파에는 단백질, 탄
        _{핀란드에서 감기에 걸렸을 때 먹는 음식}
수화물은 물론 비타민 C 등 면역력을 키울 수 있는 성분이 많고, 우유에도 단백질이 풍부하게 들어 있다. 감기 기운이
              _{양파의 특징과 효능}   _{우유의 특징}
있을 때 우유에 양파를 넣어 20분 정도 끓여서 마시면 양파와 우유 속에 들어 있는 좋은 성분을 섭취할 수 있어 감기에
        _{양파 우유를 만드는 방법}
도움이 된다.   ▶ 핀란드에서 감기에 걸렸을 때 먹는 양파 우유

4 미국에서는 감기에 걸리거나 아플 때 치킨 누들 수프를 즐겨 먹는다. 누들은 면을 뜻
        _{미국에서 감기에 걸렸을 때 먹는 음식}
하는 말로, 치킨 누들 수프는 닭고기 수프에 면을 넣어 만든 요리이다. 치킨 누들 수프는
                _{치킨 누들 수프를 만드는 방법}
고기에 채소를 곁들여 영양분이 많고, 수분도 보충할 수 있어 감기에 걸렸을 때 먹기 좋
                _{치킨 누들 수프의 특징과 효능}
은 음식이다.   ▶ 미국에서 감기에 걸렸을 때 먹는 치킨 누들 수프

5 싱가포르에서는 감기에 걸리면 흰살생선과 생강을
        _{싱가포르에서 감기에 걸렸을 때 먹는 음식}
넣어 만든 죽을 먹는다. 흰살생선은 살이 흰색을 띠고 있
는 생선으로, 도미, 대구, 복어 등이 있다. 이러한 흰살생선에는 단백질이 풍부하게 들
                                                      _{흰살생선의 특징}
어 있어 단백질을 보충할 수 있다. 생강에는 면역력을 키워 주는 성분이 들어 있어 감기
                                      _{생강의 효능}
에 좋다. 또한 죽은 소화도 잘된다.   ▶ 싱가포르에서 감기에 걸렸을 때 먹는 흰살생선과 생강이 들어간 죽

6 감기에 걸렸을 때 세계 여러 나라의 사람들은 감기가 낫는 데 도움이 되는 영양소
                                        _{앞의 내용 요약}
가 풍부한 음식을 먹는다. 하지만 어떤 나라에서는 우유와 달걀을 먹고, 어떤 나라에서는 흰살생선과 생강을 먹는다.
나라별로 감기에 걸렸을 때 먹는 음식의 종류와, 음식에 들어간 재료가 다양한 이유는 각 나라의 문화와 자연환경에 따
        _{중심 소재}   _{음식 문화에 영향을 미치는 요소}
라 음식 문화가 다르기 때문이다.   ▶ 각 나라의 문화와 자연환경에 따라 다른 음식 문화

≫ 글 내용 한눈에 보기 ●●●

본문 61쪽

1 배 　**2** 우유 　**3** 양파 　**4** 수분 　**5** 소화

◀ 글을 이해해요 ▶

☑ 자기 평가

본문 62쪽

01 (내용 이해)
1 ✕ 　　**2** ◯

○ ✕

02 (내용 이해)
1 ㄱ 　　**2** ㄷ 　　**3** ㄴ

○ ✕

03 (내용 추론)
③

○ ✕

04 (중심 내용 쓰기)
　나라별로 감기에 걸렸을 때 먹는 음식의 종류와 재료가 다양한 이유는 각 나라의 <u>문화</u>와 <u>자연환경</u>에 따라 <u>음식 문화</u>가 다르기 때문이다.

○ ✕

01 **1** 6문단에서 감기에 걸렸을 때 세계 여러 나라의 사람들은 감기가 낫는 데 도움이 되는 영양소가 풍부한 음식을 먹지만, 나라별로 감기에 걸렸을 때 먹는 음식의 종류와 음식에 들어간 재료가 다양하다고 했어요.
2 4문단에서는 미국에서 아플 때 먹는 치킨 누들 수프가 고기에 채소를 곁들여 영양분이 많고, 수분도 보충할 수 있어 감기에 걸렸을 때 먹기 좋은 음식이라고 했어요.

02 감기에 걸렸을 때 나라별로 먹는 음식이 달라요. 1문단에서 우리나라에서는 배즙과 생강차를 먹는다고 했고, 3문단에서 핀란드에서는 양파 우유를 먹는다고 했으며, 5문단에서 싱가포르에서는 흰살생선과 생강을 넣은 죽을 먹는다고 했어요.

03 세계 여러 나라에서 감기에 걸렸을 때 먹는 음식들은 공통점이 있어요. 먹기에 편하고 소화가 잘되면서 영양분도 풍부해요. 또한 수분을 보충해 주고 면역력도 높여 주지요. 반면에 자극적인 음식은 위를 자극하여 몸을 더 아프게 할 수 있으므로 주의해야 해요.

(오답 풀이)
① 러시아에서 먹는 고골모골은 단백질과 지방 같은 영양소가 풍부한 달걀과 우유로 만들어요.
② 싱가포르에서 먹는 흰살생선 죽은 소화가 잘돼요.
④ 핀란드에서 먹는 양파 우유에 들어가는 양파에는 단백질, 탄수화물, 비타민 C 등 면역력을 키울 수 있는 성분이 많아요.
⑤ 미국에서 먹는 치킨 누들 수프는 고기에 채소를 곁들여 영양분이 많고, 수분도 보충할 수 있어요.

04 이 글은 세계 여러 나라에서 감기에 걸렸을 때 먹는 음식에 대해 설명하고 있어요. 나라별로 감기에 걸렸을 때 먹는 음식의 종류와 음식에 들어간 재료가 다양한 이유는 각 나라의 문화와 자연환경에 따라 음식 문화가 다르기 때문이에요.

◀ 어휘를 익혀요 ▶

본문 63쪽

01 **1** ㄱ 　**2** ㄴ 　**3** ㄷ 　　**02** **1** 보충 　**2** 가래 　**3** 면역력 　　**03** **1** 성분 　**2** 염증 　**3** 소화

15 건강 지킴이, 세로토닌과 멜라토닌

본문 64~65쪽

코칭 Tip 이 글은 세로토닌과 멜라토닌에 대해 설명하는 글입니다. 세로토닌과 멜라토닌의 역할을 이해하고, 세로토닌이나 멜라토닌 부족이 건강에 미치는 영향 및 세로토닌이나 멜라토닌이 부족한 경우 건강을 지키는 방법을 파악하며 글을 읽을 수 있도록 합니다.

1 비가 오거나 하늘이 흐린 날은 왠지 평소보다 우울한 기분이 든다. 흔히 기분 탓 혹은 날씨 탓이라고 생각하지만 사실은 호르몬 때문일 수 있다. 호르몬은 우리 몸에서 분비되어 어떤 조직이나 기관의 활동을 조절하는 물질이다. 호르 _{호르몬의 뜻} 몬은 키를 자라게 하거나 생리 현상을 조절하고, 감정에 영향을 주는 등 신체를 건강하게 유지하는 데 중요한 역할을 _{호르몬의 역할 ①}　　　　　　_{호르몬의 역할 ②}　　　　_{호르몬의 역할 ③} 한다. 세로토닌과 멜라토닌은 우리 몸의 건강에 영향을 주는 대표적인 호르몬이다.　　　　▶ 건강에 영향을 주는 세로토닌과 멜라토닌 _{중심 소재}

2 세로토닌은 불안감을 줄이고 평온한 기분을 갖게 해 주는 등 행복의 감정을 느끼게 해 주는 호르몬으로, '행복 호 _{세로토닌의 역할 ①} 르몬'이라고 부르기도 한다. 세로토닌은 빛의 영향을 받는데, 햇빛을 쬐면 몸에서 세로토닌이 만들어져 기분이 좋아진 _{세로토닌의 특징} 다. 또한 세로토닌은 집중력이나 기억력 같은 학습 능력에도 영향을 주는데, 이는 세로토닌이 분비되면 정서가 안정되 _{세로토닌의 역할 ②} 고 차분해지기 때문이다. 한편 멜라토닌은 하루 주기의 생체 리듬을 담당하는 호르몬이다. 멜라토닌은 수면 욕구와 관 _{멜라토닌의 역할}　　　　　　　　　　　　　　　　　　　　　　　　　　_{멜라토닌의 특징 ①} 련이 있는 호르몬으로, 천연 수면제라고도 알려져 있다. 멜라토닌 역시 빛의 영향을 받는데, 흥미로운 점은 세로토닌과 반대로 멜라토닌은 빛이 없는 어두운 환경에서만 분비된다. 즉 어두운 밤이 되면 멜라토닌이 분비되어 잠이 오게 되는 _{멜라토닌의 특징 ②} 것이다. 구름이 잔뜩 낀 흐린 날에 낮부터 졸음이 쏟아지는 까닭 역시 멜라토닌 때문이다.　　　▶ 세로토닌과 멜라토닌의 역할

3 그렇다면 세로토닌이나 멜라토닌의 분비에 문제가 생기면 어떻게 될까? 먼저 세로토닌이 제대로 분비되지 않으면 마음이 불안해져 근심 걱정이 많아지고 평정심을 잃게 된다. 감정의 기복이 심해져 쉽게 화를 내거나 부정적인 감정이 _{세로토닌 부족이 건강에 미치는 영향 ①}　　　　　　　　　　　　　　_{세로토닌 부족이 건강에 미치는 영향 ②} 강해지는 등 우울 증상이 생길 수 있다. 한편 멜라토닌이 제대로 분비되지 않으면 불면증에 시달릴 수 있다. 멜라토닌 _{멜라토닌 부족이 건강에 미치는 영향 ①} 은 신체의 자연적인 생활 리듬을 조절하는 역할을 하기 때문에 멜라토닌이 부족해지면 밤에 쉽게 잠들지 못하거나 새 _{멜라토닌 부족이 건강에 미치는 영향 ②} 벽에 자주 깨는 일이 생길 수 있다. 또한 멜라토닌이 부족하면 무기력증에 빠질 수도 있다. ▶ 세로토닌이나 멜라토닌 부족이 건강에 미치는 영향

4 세로토닌이나 멜라토닌이 부족하여 생기는 문제를 치료하는 데에는 일단 약물을 처방하는 방법이 있다. 우리 몸에 _{세로토닌이나 멜라토닌이 부족한 경우 치료 방법} 서 세로토닌이나 멜라토닌을 제대로 만들어 내지 못하므로 호르몬을 직접 몸 안에 넣어 주는 것이다. 그러나 의사들은 이러한 방법보다 낮에는 30분 이상 온몸에 햇빛을 쬐는 한편, 밤에는 방 안을 충분히 어둡게 하는 생활 습관을 통해 자 _{세로토닌이나 멜라토닌이 부족한 경우 건강을 지키는 방법} 연스럽게 건강을 지키기를 권하고 있다.　　　　　　　▶ 세로토닌이나 멜라토닌이 부족한 경우 건강을 지키는 방법

5 볼 수도 만질 수도 없지만 우리는 세로토닌과 멜라토닌 덕분에 낮에는 활기차게 생활하고 밤에는 충분한 수면을 취할 수 있다. 우리 몸에는 생체 리듬의 주기성을 갖게 하는 '생체 시계'가 있다. 매일 일정하게 해가 뜨고 지는 것처럼 우리 몸도 생체 시계에 맞추어 규칙적으로 호르몬이 분비되어야 건강을 유지할 수 있다. 이를 위해서는 규칙적인 생활 습관을 기르는 것이 중요하다.　　　　　　　　　　　　　　　　　　　　▶ 규칙적인 생활 습관의 중요성 _{건강을 유지하기 위한 방법}

글 내용 한눈에 보기 ●●●

본문 65쪽

1 호르몬　**2** 행복　**3** 불면증　**4** 햇빛　**5** 규칙적

글을 이해해요

☑ 자기 평가

본문 66쪽

01 (내용 이해)
1 ○　　**2** ✕

○ ✕

02 (내용 이해)
1 걱정　　**2** 부정적　　**3** 무기력증
4 습관

○ ✕

03 (내용 추론)
⑤

○ ✕

04 (중심 내용 쓰기)
　행복의 감정을 느끼게 해 주는 세로토닌과 하루 주기의 생체 리듬을 담당하는 멜라토닌이 부족한 경우 우리 몸에 문제가 생길 수 있으므로, 규칙적인 생활 습관을 통해 건강을 지켜야 한다.

○ ✕

01 **1** 1문단에서 호르몬은 키를 자라게 하거나 생리 현상을 조절하고, 감정에 영향을 주는 등 신체를 건강하게 유지하는 데 중요한 역할을 한다고 했어요.
2 우리 몸에 분비되었을 때 정서가 안정되고 차분해져 집중력이나 기억력 같은 학습 능력에도 영향을 주는 것은 멜라토닌이 아니라 세로토닌이에요.

02 세로토닌이 부족할 경우 근심 '걱정'이 많아지고 '부정적'인 감정이 강해지는 등 우울 증상이 생길 수 있고, 멜라토닌이 부족할 경우 불면증에 시달리거나 '무기력증'에 빠질 수 있어요. 세로토닌이나 멜라토닌이 부족한 경우에는 낮에는 30분 이상 온몸에 햇빛을 쬐는 한편, 밤에는 방 안을 충분히 어둡게 하는 생활 '습관'을 통해 자연스럽게 건강을 지키는 것이 바람직해요.

03 4문단을 통해 세로토닌과 마찬가지로 멜라토닌도 약물을 통해 직접 몸 안에 넣어 줄 수 있음을 확인할 수 있어요.

(오답 풀이)
① 세로토닌과 멜라토닌은 모두 우리 몸에서 분비되는 호르몬이에요.
② 세로토닌이 부족하면 우울 증상이 생길 수 있고, 멜라토닌이 부족하면 불면증에 시달릴 수 있어요.
③ 세로토닌은 행복의 감정을 느끼게 해 주며, 멜라토닌은 하루 주기의 생체 리듬을 담당해요.
④ 세로토닌은 빛을 쬐면 만들어지고, 반대로 멜라토닌은 빛이 없는 어두운 환경에서만 분비돼요.

04 이 글은 세로토닌과 멜라토닌에 대해 설명하고 있어요. 세로토닌은 행복의 감정을 느끼게 해 주고, 멜라토닌은 하루 주기의 생체 리듬을 담당해요. 세로토닌이나 멜라토닌이 부족한 경우 우리 몸에 문제가 생길 수 있으므로, 규칙적인 생활 습관을 통해 자연스럽게 건강을 지켜야 해요.

어휘를 익혀요

본문 67쪽

01 **1** ㄷ　**2** ㄱ　**3** ㄴ　　**02** **1** 처방　**2** 우울　**3** 분비　　**03** **1** 주기　**2** 기복　**3** 수면

16 웃음의 다양한 의미

코칭 Tip 이 글은 웃음의 다양한 의미에 대해 설명하는 글입니다. 웃음이 여러 상황에서 발생함을 이해하고, 긍정적 상황과 부정적 상황에서 나타나는 웃음의 의미를 파악하며 글을 읽을 수 있도록 합니다.

1 '웃으면 복이 온다'라는 말이 있다. <u>웃음</u>이 행복과 연결되어 있다는 의미이다. 웃음은 그 자체로 몸의 긴장을 풀고 스트레스를 줄여 주며, '엔도르핀'의 분비를 증가시켜 우울감을 해소하고, 사람을 활기차고 건강하게 한다. 또한 웃음은 뇌를 자극하여 인지 기능을 높여 줄 뿐만 아니라 면역 기능을 강화하여 병을 치료하기도 한다. 이런 이유에서 일반적으로 웃음은 기쁘거나 즐거울 때, 신나거나 재미있을 때 등 긍정적인 상황에서 일어나는 현상으로 인식하는 경우가 많다. 그러나 슬프거나 체념할 때, 화가 나거나 허탈할 때 등 부정적인 상황 역시 웃음을 유발한다. 예를 들어, 재미있는 동영상을 보며 웃음이 터져 나올 때도 있지만, 예상치 못한 작은 실수로 중요한 일을 망치게 되었을 때 허탈한 마음에 웃음이 나오기도 한다. 이처럼 웃음은 여러 상황에서 발생하며 다양한 의미를 가지고 있다. ▶ 여러 상황에서 발생하며 다양한 의미를 가지는 웃음

2 먼저, 긍정적 의미를 갖는 웃음을 알아보자. □<u>폭소</u>는 예기치 못한 상황에서 큰 소리로 갑자기 터져 나오는 웃음으로, 우리가 개그 프로그램을 보며 웃는 경우를 예로 들 수 있다. □<u>대소</u>는 크게 웃는 웃음을 뜻하는데, 손뼉을 치며 크게 웃는다는 뜻으로 '박장대소'라는 말로 자주 사용한다. 비슷하게 □<u>너털웃음</u>은 크게 소리를 내어 시원하고 당당하게 웃는 웃음을 가리킨다. □<u>미소</u>는 소리를 내지 않고 빙긋이 웃는 웃음이다. '백만 불짜리 미소', '모나리자의 미소' 같은 말도 있다. □<u>함박웃음</u>은 크고 환하게 웃는 웃음을 뜻하고, □<u>눈웃음</u>은 소리 없이 눈으로만 웃는 웃음을 뜻한다. 예를 들어, 전자는 아기가 환하게 웃는 모습을, 후자는 웃고 있는 얼굴의 눈이 반달 모양을 하고 있는 모습을 떠올릴 수 있다.
▶ 긍정적 의미를 갖는 웃음: 폭소, 대소, 너털웃음, 미소, 함박웃음, 눈웃음

3 한편, 부정적 의미를 갖는 웃음도 있다. 흔히 '쓴웃음'이라고 하는 △<u>고소</u>는 어이가 없거나 마지못하여 짓는 웃음을 뜻한다. 비슷한 의미로 △<u>실소</u>가 있는데, 어처구니없는 상황에서 자신도 모르게 툭 터져 나오는 웃음을 뜻한다. 어떤 사람이 엉뚱한 이야기를 늘어놓거나 말도 안 되는 대답을 할 때 자기도 모르게 웃음이 나는 상황을 생각해 볼 수 있다. '△<u>조소</u>'는 상대방을 놀리는 듯한 태도로 빈정거리며 웃는 웃음을 말하며, '비웃음'이라는 말로도 자주 사용한다. 이와 비슷하게 콧소리를 내거나 코끝으로 가볍게 비난하듯 웃는 웃음을 가리키는 '△<u>비소</u>'가 있다. '코웃음'이라고도 하는데 '흥', '픽' 등 비웃듯이 콧김만으로 내는 웃음이다. 그리고 <u>무관심하거나 쌀쌀한 태도로 업신여겨 웃는 웃음을 '△냉소</u>'라고 한다. '냉소'는 '찬웃음'이라고도 하는데, '차갑게 웃는다'라고 표현하기도 한다.
▶ 부정적 의미를 갖는 웃음: 고소, 실소, 조소, 비소, 냉소

4 웃음은 상황에 따라 사람의 마음을 표정이나 소리로 나타낸다. 긍정적인 웃음은 보기만 해도 즐거워지고 보는 사람까지 따라 웃게 만드는 전염성이 있는 반면에, 부정적인 웃음은 상대방을 기운 빠지게 하거나 화가 나게 한다. '<u>웃는 얼굴에 침 못 뱉는다</u>'라는 속담이 있듯이, 좋게 대하는 사람에게는 화를 내거나 나쁘게 대하기 어렵기 마련이다. 즉, 긍정적인 웃음은 상대방의 불만이나 좋지 않은 감정을 누그러뜨려서 자신이 실수나 잘못을 하더라도 상대방으로 하여금 이해하고 용서할 수 있게 한다. 기왕이면 화가 되고 독이 되는 부정적인 웃음보다 기쁨과 행복을 부르는 긍정적인 웃음으로 웃는 것이 어떨까.
▶ 긍정적인 웃음의 중요성

⋙ 글 내용 한눈에 보기 •••

본문 69쪽

❶ 웃음 ❷ 폭소 ❸ 냉소 ❹ 긍정적

◀ 글을 이해해요 ▶

☑ 자기 평가

본문 70쪽

01 (내용 이해)

❶ 미소 ❷ 조소

○ ✕

02 (내용 이해)

❶ 실소 ❷ 눈웃음

❸ 함박웃음

○ ✕

03 (내용 추론)

③

○ ✕

04 (중심 내용 쓰기)

웃음은 여러 상황에서 발생하며 <u>다양한 의미</u>를 갖는데, 부정적인 의미를 갖는 웃음보다 <u>긍정적</u>인 의미를 갖는 웃음으로 웃자.

○ ✕

01 ❶ 2문단에서 소리를 내지 않고 빙긋이 웃는 웃음은 '미소'라고 했어요. 대소는 크게 웃는 웃음이에요.

❷ 3문단에서 상대방을 놀리는 듯한 태도로 빈정거리며 웃는 웃음으로, '비웃음'이라고도 하는 웃음은 '조소'라고 했어요. 고소는 어이가 없거나 마지못하여 짓는 웃음으로, '쓴웃음'이라고도 해요.

02 웃음은 여러 상황에서 발생하며 다양한 의미를 가지고 있어요. 어처구니없는 상황에서 자신도 모르게 툭 터져 나오는 웃음은 '실소'이고, 소리 없이 눈으로만 웃는 웃음은 '눈웃음'이며, 크고 환하게 웃는 웃음은 '함박웃음'이에요.

03 버스 운전기사는 늦은 밤 눈길을 걷는 할머니와 손녀를 위해 버스 불빛을 비추어 주었고, 운전기사의 배려하는 마음을 알게 된 승객들은 따뜻한 '미소'를 지었을 거예요.

(오답풀이)

①, ④ 냉소와 실소는 부정적 의미를 갖는 웃음이므로 상황에 적절하지 않아요.

②, ⑤ 대소와 폭소는 크게 웃거나 큰 소리로 웃는 웃음이므로 상황에 어색해요.

04 이 글은 웃음의 다양한 의미에 대해 설명하고 있어요. 웃음은 긍정적인 상황뿐만 아니라 부정적인 상황에서도 발생하며 상황에 따라 다양한 의미를 가져요. 고소, 실소, 조소, 비소, 냉소 등의 부정적 의미를 갖는 웃음보다는 폭소, 대소, 너털웃음, 미소, 함박웃음, 눈웃음 등의 긍정적 의미를 갖는 웃음으로 웃도록 해요.

◀ 어휘를 익혀요 ▶

본문 71쪽

01 ❶ ㄴ ❷ ㄱ ❸ ㄷ   **02** ❶ 허탈 ❷ 유발 ❸ 인지   **03** ❶ 면역 ❷ 체념

17 부채 이야기

코칭 Tip 이 글은 부채의 역사와 쓰임새에 대해 설명하는 글입니다. 고려 시대의 부채와 조선 시대의 부채를 비교하여 이해하고, 우리나라와 유럽에서의 부채의 쓰임새를 파악하며 글을 읽을 수 있도록 합니다.

1 더운 여름에 우리가 일상적으로 사용하는 부채는 오랜 역사와 함께한 물건이다. 지금까지 발견된 부채 중에서 가장 오래된 것은 약 3,000년 전의 것으로, 이집트 왕의 무덤인 피라미드에서 나왔다. 이 부채는 황금색 봉에 타조 깃털이 꽂힌 모양으로 더위를 쫓는 데 쓰기보다는 왕의 힘을 표현하는 데 썼다고 한다. 우리나라에서 발견된 가장 오래된 부채는 약 2,000년 전에 만들어졌다고 알려진 다호리 고분에서 나왔다. 또 『삼국사기』라는 책에는 고려의 왕이 된 태조가 부채를 선물 받았다는 내용이 나온다.
▶ 오랜 역사와 함께한 부채

2 우리나라의 부채 중에서 특히 고려 시대의 부채는 아름답고 신기한 부채라고 중국의 책에 적힐 정도였다. 합죽선이라 불린 이 부채는 대나무 껍질을 합쳐 부챗살을 만들고 그 위에 종이를 붙인 것이다. 부챗살의 수가 많아 부채가 반달 모양으로 쫙 펼쳐졌다. 합죽선은 중국과 일본으로 수출되거나 선물로 보내졌고, 많은 사람들이 합죽선을 좋아했다. 조선 시대의 부채는 더 다양해지고 화려해졌다. 거북의 등껍질, 물소의 뿔 등을 사용하여 부채를 만들었고, 값비싼 장식품을 부채에 달기도 하였다. 이렇듯 아름답고 사치스러운 부채는 왕족과 양반들에게 큰 인기를 끌었다.
▶ 고려 시대의 부채와 조선 시대의 부채

3 우리나라의 부채는 그 쓰임새가 다양했다. 여름에 더위를 막기 위해 사용하는 것은 물론 겨울에는 찬바람과 먼지를 막기 위해 사용하기도 했다. 결혼식에서 신랑과 신부의 얼굴을 가리는 용도로 쓰기도 했고, 양반 가문에서 사람이 죽었을 때 아무 장식이 없는 하얀 부채를 들어 예를 갖추는 용도로 쓰기도 했다. 또 부채에 그림을 그리거나 글씨를 써서 다른 사람에게 선물하기도 했으며, 궁중에서는 연회가 열릴 때 무대에 서는 무용수들이 춤을 추며 부채를 사용하기도 했다.
▶ 쓰임새가 다양했던 우리나라의 부채

4 이처럼 우리나라에서는 여러 사람들이 다양한 용도로 부채를 사용했다. 그런데 유럽에서는 주로 여성들이 부채를 사용했다고 한다. 유럽의 여성들은 멋을 위해 부채를 들었고, 이 부채를 통해 자신의 의사를 표현하기도 했다. 귀족 여성이 부채를 접는지, 펼치는지에 따라서 표현하는 의미가 달랐다. 그뿐만 아니라 얼굴의 어디에 부채를 갖다 대는지에 따라서도 의미가 달라졌다. 예를 들어 부채를 왼쪽 뺨에 가져다 대는 것은 '아니요.'라는 뜻을, 오른쪽 뺨에 가져다 대는 것은 '네.'라는 뜻을 지닌 행동이었다. 다양한 의미를 직접 말하지 않고 부채로 전했던 것이다. 그래서 부채로 의사를 표현하는 방법을 가르치는 학교까지 있었다고 한다. 동서양을 막론하고 부채는 단순히 더위를 쫓는 도구가 아니었던 셈이다.
▶ 유럽에서 여성들이 멋이나 의사 표현을 위해 사용한 부채

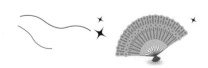

글 내용 한눈에 보기 •••

본문 73쪽

① 힘 **②** 합죽선 **③** 더위 **④** 쓰임새 **⑤** 의사 표현

글을 이해해요

✓ 자기 평가

본문 74쪽

01 (내용 이해)
1 ○   **2** ✕

     ○ ✕

02 (내용 이해)
1 ㄱ   **2** ㄷ   **3** ㄴ

     ○ ✕

03 (내용 추론)
④

     ○ ✕

04 (중심 내용 쓰기)
    오랜 역사와 함께해 온 <u>부채</u>는 그 <u>쓰임새</u>가 다양하
였다.

     ○ ✕

01 **1** 1문단에서 우리나라에서 발견된 가장 오래된 부채는 약 2,000년 전에 만들어졌다고 알려진 다호리 고분, 즉 옛 무덤에서 나왔다고 했어요.
2 1문단에서 지금까지 발견된 부채 중에서 가장 오래된 것은 약 3,000년 전의 것으로, 이집트 왕의 무덤인 피라미드에서 나왔다고 했어요. 그런데 이 부채는 더위를 쫓는 데 쓰기보다는 왕의 힘을 표현하는 데 썼어요.

02 유럽의 부채는 주로 여성들이 멋을 내거나 자신의 의사를 표현하는 데 사용했고(ㄱ), 고려 시대의 부채인 합죽선은 아름답고 신기한 부채라고 중국의 책에 적혀 있으며(ㄷ), 조선 시대의 부채는 더 화려해졌는데, 값비싼 장식품을 달아 아름답고 사치스러웠어요(ㄴ).

03 3문단에서 우리나라 부채의 다양한 쓰임새를 설명하고 있어요. 자신의 의사를 표현하기 위해 부채를 사용한 것은 우리나라 양반 가문의 여성이 아니라, 유럽의 여성들이에요.

(오답풀이)
① 양반 가문에서 사람이 죽었을 때 아무 장식이 없는 하얀 부채를 들어 예를 갖추는 용도로 쓰기도 했어요.
② 결혼식에서 신랑과 신부의 얼굴을 가리는 용도로 부채를 쓰기도 했어요.
③ 궁중에서는 연회가 열릴 때 무대에 서는 무용수들이 춤을 추며 부채를 사용하기도 했어요.
⑤ 부채에 그림을 그리거나 글씨를 써서 다른 사람에게 선물하기도 했어요.

04 이 글은 부채의 역사와 쓰임새에 대해 설명하고 있어요. 더운 여름에 우리가 일상적으로 사용하는 부채는 오랜 역사와 함께한 물건으로, 더위나 추위를 막는 것은 물론이고 예를 갖추거나 선물을 하는 등 그 쓰임새가 다양했어요.

어휘를 익혀요

본문 75쪽

01 **1** ㄷ   **2** ㄱ   **3** ㄴ   **02** **1** 용도   **2** 막론   **3** 사치   **03** **1** 수출   **2** 연회

18 바다 밖으로 나온 산

코칭Tip 이 글은 히말라야산맥에서 바다 생물의 화석이 나온 이유를 설명하는 글입니다. 이를 바탕으로 땅의 모양이나 위치가 변하는 이유를 파악하며 글을 읽을 수 있도록 합니다.

1 히말라야(Himalaya)산맥의 히말라야는 '눈'이라는 뜻의 히마(Hima)와 '사는 곳'이라는 뜻의 알라야(alaya)가 합쳐
중심 소재
진 말이다. 말 그대로 눈이 머무는 곳이라는 뜻인데, 1년 내내 눈이 녹지 않아 매우 추운 곳이다. 게다가 히말라야산맥
'히말라야'라는 말의 의미   '히말라야'라는 이름이 붙은 이유
은 '세계의 지붕'이라고 불릴 정도로 어마어마한 높이를 자랑한다. 『히말라야산맥을 이루는 산의 높이는 보통
히말라야산맥이 매우 높은 지역임을 비유적으로 표현함   『 』: 우리나라 한라산과의 비교를 통해 히말라야산맥이 높은 지역임을 강조함
7~8,000 m이고 8,000 m가 넘는 봉우리만 14개가 있다고 한다. 우리나라에서 가장 높은 산인 한라산의 높이가
1,950 m이니 그 높이를 짐작하기조차 어렵다.』   ▶ '히말라야'라는 말의 뜻과 히말라야산맥의 특징

2 높이가 8,848 m로 세계에서 가장 높은 산인 에베레스트산도 히말라야산맥에 있다. 그런데 에베레스트산에서 조
질문을 통해 독자의 흥미를 유발함
개나 산호 같은 바다 생물의 화석이 발견되었다면 믿을 수 있을까? 화석이란 옛날에 살았던 동물이나 식물의 몸, 뼈 등
화석의 뜻
의 흔적이 땅속에 묻혀 굳어진 것이다. 멸치를 예로 들어 보자. 『멸치는 죽으면 바다의 모래 속에 묻힌다. 이후에 모래나
구체적인 예를 들어 독자의 이해를 도움   『 』: 멸치의 화석이 만들어지는 과정
진흙은 계속 쌓이고, 점점 무거워져서 죽은 멸치를 누른다. 멸치의 부드러운 부분은 썩어 사라지고, 뼈처럼 단단한 부
분은 모래나 진흙에 흔적을 남기게 되는데,』이것이 바로 화석이다.   ▶ 에베레스트산에서 발견된 바다 생물의 화석

3 땅 위에 있는 산 중에서도 가장 높다는 에베레스트산인데 어떻게 여기에 바다 생물의 화석이 있다는 것일까? 에베
스스로 묻고 답하는 방식으로 내용을 전개함
레스트산이 원래는 바닷속에라도 있던 것일까? 정답이다. 바닷속에 있던 에베레스트산이 땅 위로 올라오게 된 이유를
이해하려면 우선 '판'이 무엇인지 알아야 한다. 사실 지구의 겉 부분은 하나의 큰 땅으로 이루어져 있지 않고, '판'이라
고 불리는 여러 조각으로 나뉘어 있다. 판은 고정되어 있지 않고 움직이는 층 위에 떠 있다고 보면 되는데, 그러다 보니
판의 모양이나 위치는 조금씩 변하고 있다. 에베레스트산도 이런 판의 움직임 때문에 바닷속에 있다가 땅 위로 올라오
바닷속에 있던 에베레스트산이 땅 위로 올라오게 된 이유
게 된 것이다.   ▶ 판의 움직임 때문에 바닷속에 있다가 땅 위로 올라온 에베레스트산

4 히말라야산맥은 인도-오스트레일리아판이 북쪽으로 이동하다가 유라시아판과 부딪히면서 두 판이 충돌한 면이 위
히말라야산맥이 만들어진 과정
로 솟구쳐 만들어진 것이다. 인도-오스트레일리아판과 유라시아판 사이
히말라야산맥에서 바다 생물의 화석이 발견되는 이유
에는 바다가 있었는데, 두 판이 충돌하면서 이 바다 아래의 땅도 솟아올라
산이 되었다. 그래서 히말라야산맥에서 바다 생물의 화석이 발견되는 것
이다. 히말라야산맥 아래에 있는 인도-오스트레일리아판은 지금도 움직
이고 있다. 그래서 히말라야산맥도 1년에 약 5 cm씩 높아지고 있다고 한다.
▶ 판과 판이 충돌하면서 히말라야산맥이 만들어진 과정

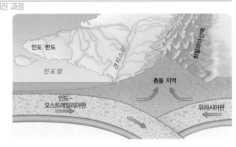

⌄ 글 내용 한눈에 보기 •••

본문 77쪽

1 눈 **2** 바다 **3** 판 **4** 충돌

◁ 글을 이해해요 ▷

☑ 자기 평가

본문 78쪽

01 (내용 이해)
1 ◯   **2** ✕
◯ ✕

02 (내용 이해)
②
◯ ✕

03 (내용 추론)
ㄱ → ㄷ → ㄴ
◯ ✕

04 (중심 내용 쓰기)
히말라야산맥에서 바다 생물의 화석이 발견된 이유
는 판의 움직임 때문에 히말라야산맥이 바닷속에 있다
가 땅 위로 올라왔기 때문이다.
◯ ✕

01 **1** 에베레스트산의 높이는 8,848 m로, 1,950 m인 한라산의 높이보다 4배 이상 높아요.
2 4문단에서 히말라야산맥 아래에 있는 인도-오스트레일리아판은 지금도 움직이고 있어서 히말라야산맥도 1년에 약 5 cm씩 높아지고 있다고 했어요.

02 현재 히말라야산맥은 매우 춥고 높은 지역으로, 바다 생물이 살고 있지 않아요. 히말라야산맥에서 발견되는 바다 생물의 화석은 아주 오래전에 히말라야산맥이 바닷속에 있었다는 흔적이에요.

(오답풀이)
① 1문단에서 히말라야산맥을 이루는 산의 높이는 보통 7~8,000 m이고 8,000 m가 넘는 봉우리만 14개가 있다고 했어요.
③ 4문단에서 히말라야산맥은 인도-오스트레일리아판이 유라시아판과 부딪히면서 두 판이 충돌한 면이 위로 솟구쳐 만들어진 것이라고 했어요.
④ 1문단에서 히말라야산맥은 1년 내내 눈이 녹지 않아 매우 추운 곳이라고 했어요.
⑤ 2문단에서 히말라야산맥에 있는 에베레스트산은 높이가 8,848 m로, 세계에서 가장 높은 산이라고 했어요.

03 2문단에서 화석이 만들어지는 과정을 설명하고 있어요. 생물이 죽으면(ㄱ) 모래나 진흙 속에 묻혀요. 이후에 모래나 진흙이 계속 쌓이고, 점점 무거워져서 죽은 생물을 누르게 돼요(ㄷ). 생물의 부드러운 부분은 썩어 사라지고, 뼈처럼 단단한 부분은 모래나 진흙에 흔적을 남기게 되는데(ㄴ), 이것이 바로 화석이에요.

04 아주 오래전에 바닷속에 있던 히말라야산맥은 인도-오스트레일리아판이 북쪽으로 이동하다가 유라시아판과 충돌하면서 솟구쳐 만들어졌어요. 그래서 히말라야산맥에서 바다 생물의 화석이 발견되는 거예요.

◁ 어휘를 익혀요 ▷

본문 79쪽

01 **1** ㄴ **2** ㄷ **3** ㄱ   **02** **1** 게다가 **2** 봉우리 **3** 솟구   **03** **1** 판 **2** 산호

19 조선은 모자의 왕국

본문 80~81쪽

> **코칭Tip** 이 글은 조선 시대의 다양한 모자에 대해 설명하는 글입니다. 조선 시대에 성별과 신분, 상황에 따라 모자를 어떻게 구분하여 썼는지 파악하며 글을 읽을 수 있도록 합니다.

1 조선 시대의 모자는 무척 다양했다. 대체로 성별과 신분, 상황에 따라 다른 모자를 썼다. 조선 시대에 남자와 여자
  중심 소재   조선 시대에 모자 사용에 영향을 주는 요소
가 쓴 다양한 모자에 대해 살펴보자.   ▶ 다양했던 조선 시대의 모자

2 먼저 여자들은 조바위, 너울, 전모 등을 썼다. 조바위는 조선 후기에 양반 여자부터 상민 여자까지 널리 사용했다.
                          □: 조선 시대 여자들의 모자   조바위의 사용자층
정수리는 뚫려 있었고, 이마와 귀, 머리를 덮을 수 있도록 만들어져 추위를 막을 수 있었다. 앞뒤에 술이나 보석 장식을
                          조바위의 모양과 용도
달기도 했다. 너울은 양반 여자들이 외출할 때 얼굴을 가리기 위해 썼다. 갓 위에 천을 씌운 형태이며, 눈 부분에는 밖
          너울의 사용자층과 용도   너울의 모양
을 내다볼 수 있도록 비치는 옷감이 덧대어져 있었다. 전모는 주로 신분이 낮은 여자들이 외출할 때 썼다. 『우산처럼 펼
                                                전모의 사용자층 및 용도
쳐진 대나무 테두리에 한지를 붙여 만들었다. 안에는 머리에 쓰기 편하도록 맞춘 테가 있고, 끈이 달려 있었다.』
 『 』: 전모를 만드는 방법 및 전모의 모양   ▶ 조선 시대 여자들의 모자

3 남자들은 초립, 익선관, 사모, 흑립 등을 썼다. 초립은 신분의 구분 없이 사용되었으나 주로 혼례를 치르지 않은
            △: 조선 시대 남자들의 모자   초립의 사용자층
소년이 썼다. 누런 빛깔의 가는 대를 엮어서 만들었으며, 머리보다 작았기 때문에 머리 위에 얹어서 썼다. 익선관은 조
          초립을 만드는 방법   초립을 쓰는 방법
선 시대의 왕이나 세자가 나라를 돌보고 신하들을 다스릴 때 썼다. 날개 모양의 판 2개가 위쪽을 향해 달려 있는데, 이
          익선관의 사용자층과 용도   익선관의 모양
는 하늘을 의미한다. 익선관은 세종 때 처음 쓰기 시작했다. 사모는 관리들이 관복을 갖추어 입을 때 함께 썼다. 가늘게
                                              사모의 사용자층과 용도 ①
쪼갠 대나무를 엮은 후 그 위에 검은색으로 칠을 해서 만들었다. 모자 뒤 양옆에 날개 모양의 판이 2개 붙어 있다. 이후
  사모를 만드는 방법   사모의 모양
에 상민 남자들이 혼례를 올릴 때 쓰기도 했다. 흑립은 양반 남자들만 쓸 수 있었으며, 흔히 '갓'이라고 부른다. 주로 말
  사모의 사용자층과 용도 ②   흑립의 사용자층
총이나 가늘게 쪼갠 대나무를 엮고, 그 위에 검은색으로 칠을 해서 만들었다. 옥이나 수정 등으로 장식한 끈을 달기도
                          흑립을 만드는 방법
했다.   ▶ 조선 시대 남자들의 모자

4 이렇듯 다양한 모자가 있었기에 조선은 '모자의 나라'로 불렸다. 『프랑스의 한 민속학자는 "조선은 모자의 왕국이다.
                          조선의 모자가 발달했음을 보여 줌   『 』: 다른 사람의 말을 인용하여 주제를 뒷받침함
종류가 다양하고 여러 쓰임새가 있는 조선의 모자 패션은 파리 사람들도 꼭 알아 둘 필요가 있다."라고 했다. 또 다른 프
랑스 사람은 "조선 모자의 모든 모양을 전부 나열한다는 것은 불가능한 일이다. 조선 모자의 종류는 약 4,000종에 가까
울 것이다."라는 말을 남겼다.』이처럼 조선 시대의 모자는 외국 사람에게까지 큰 관심을 끌었다.   ▶ '모자의 나라'로 불린 조선

❯❯ 글 내용 한눈에 보기 •••

본문 81쪽

1 모자   **2** 여자   **3** 남자   **4** 조선

◀ 글을 이해해요 ▶

☑ 자기 평가

본문 82쪽

01 (내용 이해)

1 ✕   **2** ◯

○ ✕

02 (내용 이해)

1 외출   **2** 전모   **3** 혼례

4 왕   **5** 사모

○ ✕

03 (내용 추론)

④

○ ✕

04 (중심 내용 쓰기)

조선이 '모자의 나라'로 불릴 정도로 <u>조선 시대의 모자는 (무척) 다양했다.</u>

○ ✕

01 **1** 2문단에서 조바위는 조선 후기에 양반 여자부터 상민 여자까지 널리 사용했다고 했어요.

2 3문단에서 흔히 '갓'이라고 부르는 흑립은 주로 말총이나 가늘게 쪼갠 대나무를 엮고, 그 위에 검은색으로 칠을 해서 만들며, 옥이나 수정 등으로 장식한 끈을 달기도 했다고 했어요.

02 조선 시대에는 성별과 신분, 상황에 따라 다른 모자를 썼어요. 너울은 양반 여자들이 '외출'할 때 썼고, '전모'는 주로 신분이 낮은 여자들이 외출할 때 썼어요. 초립은 주로 '혼례'를 치르지 않은 소년이 썼고, 익선관은 '왕'이나 세자가 나라를 돌볼 때 썼으며, '사모'는 관리들이 관복을 갖추어 입을 때 썼어요.

03 2문단에서 너울은 양반 여자들이 외출할 때 얼굴을 가리기 위해 썼으며, 눈 부분에는 밖을 내다볼 수 있도록 비치는 옷감이 덧대어져 있었다고 했어요. 따라서 너울을 써도 밖을 볼 수 있었어요.

(오답 풀이)

① 3문단에서 초립은 신분의 구분 없이 사용되었다고 했으므로, 초립을 쓴 것만 보고는 신분을 알 수 없어요.

② 3문단에서 익선관은 세종 때 처음 쓰기 시작했다고 했으므로, 세종 이전의 왕들은 익선관을 쓰지 않았어요.

③ 2문단에서 전모는 안에 머리에 쓰기 편하도록 맞춘 테가 있고, 끈이 달려 있었다고 했어요.

⑤ 3문단에서 사모는 관리들이 관복을 갖추어 입을 때 함께 썼으며, 이후에 상민 남자들이 혼례를 올릴 때 쓰기도 했다고 했어요.

04 이 글은 조선 시대의 모자에 대해 설명하고 있어요. 조선 시대에는 여자들이 썼던 조바위, 너울, 전모, 남자들이 썼던 초립, 익선관, 사모, 흑립 등과 같이 성별과 신분, 상황에 따라 모자의 종류가 다양했어요.

◀ 어휘를 익혀요 ▶

본문 83쪽

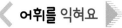

01 **1** ㄷ   **2** ㄱ   **3** ㄴ   **02** **1** 대   **2** 정수리   **3** 한지   **03** **1** 혼례   **2** 관복   **3** 상민

융건릉을 다녀와서

코칭Tip 이 글은 융건릉에 다녀와서 보고, 듣고, 느낀 내용을 기록한 기행문입니다. 장소의 이동에 따라 글쓴이가 보고 들은 내용과 이를 바탕으로 느낀 점이 무엇인지 파악하며 글을 읽을 수 있도록 합니다.

1 오늘은 아빠와 융건릉에 다녀왔다. 설레는 내 마음을 아는지 파란 하늘이 빛나는 따뜻한 봄날이었다. 『얼마 전 책에서 정조에 대한 내용을 읽고 아빠에게 관련된 이야기를 여쭈어보았다. 아빠는 멀지 않은 곳에 사도세자와 정조의 묘가 있으니 주말에 함께 역사 탐방을 가 보자고 하셨다.』융건릉으로 가는 차 안에서 아빠는 융건릉은 융릉과 건릉을 합쳐 부르는 명칭인데, 융릉에는 사도세자와 혜경궁 홍씨가, 건릉에는 정조와 효의왕후가 함께 묻혀 있다고 설명해 주셨다. 아버지와 아들의 무덤이 같은 곳에 있다니 신기하였다. 마치 역사 선생님이 된 것 같은 아빠의 설명을 듣다 보니 어느덧 융건릉 입구에 도착하였다. ▶ 융건릉을 탐방하게 된 동기

2 도착해서 처음 본 건물은 재실이었다. 『이곳은 제사를 준비하는 곳이라고 하는데, 옛날 한옥처럼 생겼다. 문을 열고 들어가니 향나무가 마당 중앙에 있었다. 이 나무는 제사 준비에 필요한 나무라고 한다. 그리고 천연기념물로 지정되었다는 개비자나무도 보았다. 비자나무와 비슷하게 생겨서 '개비자'라는 이름이 붙었다고 하는데, 』잎의 모양이 머리빗 모양을 닮아 신기하였다. ▶ 재실에서 알게 된 내용

3 재실에서 나와 10분쯤 걸으니 갈림길에 다다랐다. 안내판에는 갈림길의 오른쪽은 융릉으로, 왼쪽은 건릉으로 표시되어 있었다. 우리는 함께 걷고 있던 사람들을 따라 먼저 융릉으로 향했다. 바람에 살랑거리는 연둣빛 잎 너머로 쏟아지는 햇살을 보며 나무 사이를 걸으니 기분까지 상쾌해졌다. 저 멀리 눈앞에 융릉이 보이기 시작했다. 능 앞으로 펼쳐진 푸른 잔디밭과 능 주변으로 늘어선 소나무들이 참 멋있었다. 그곳에서 만난 문화 해설사는 『원래 사도세자의 묘가 동대문 밖 배봉산에 있었는데, 아들인 정조가 현재의 자리로 옮기고 '현륭원'으로 이름 지었다고 하였다. '현륭원'은 융릉의 옛 이름이다. 그리고 정조는 생전에 화성을 자주 찾아 아버지의 묘를 가꾸는 일에 정성을 다했을 뿐만 아니라, '용주사'라는 절을 세워 아버지의 극락왕생을 빌었다고 설명해 주셨다. 융릉 부근에는 '곤신지'라는 둥그런 연못도 있었다. 이것은 용의 여의주를 본떠 만든 것으로, 조선 왕릉에서는 보기 드문 형태의 연못이라고 한다.』해설사의 설명을 들으며 정조가 아버지를 얼마나 특별하게 생각하였는지 짐작할 수 있었다. ▶ 융릉에서 알게 된 내용

4 융릉을 뒤로한 채 우리는 건릉으로 발길을 돌렸다. 융릉에서 건릉으로 가는 길도 아름다운 숲길이 이어졌다. 푸른 나무와 길가의 작은 열매들을 구경하며 걷다 보니 어느새 건릉에 도착하였다. 『건릉의 모습은 융릉과 비슷한 구조를 갖추고 있었는데, 융릉에 비해 소박해 보였다. 건릉은 원래 정조의 유언에 따라 융릉 동쪽에 있었는데, 풍수지리상 좋지 않다는 이유로 정조의 부인 효의왕후가 승하하자 이곳에 함께 모셔졌다고 한다.』아버지를 위하는 정조의 지극한 효심에 감동한 나는 정조의 능을 배경으로 기념사진을 찍었다. ▶ 건릉에서 알게 된 내용

5 융건릉 탐방을 마치고 되돌아 나오며 나는 아빠의 손을 꼭 잡았다. 죽어서도 아버지와 함께하고 싶었던 정조의 마음을 생각하니 왠지 모르게 가슴이 뭉클해졌기 때문이다. 우리 앞으로 까치 두 마리가 총총 지나갔다. 나는 마치 그 모습이 함께 걷는 정조와 그의 아버지 사도세자의 모습 같았다. 오늘 역사 탐방은 아빠와 함께해서 더 뜻깊은 시간이었다. ▶ 융건릉 탐방에 대한 감상

글 내용 한눈에 보기 •••

본문 85쪽

1 정조   **2** 재실   **3** 융릉   **4** 건릉   **5** 아빠

글을 이해해요

✅ 자기 평가

본문 86쪽

01 (내용 이해)
1 ◯   **2** ✕

02 (내용 이해)
1 제사   **2** 극락왕생
3 풍수지리   **4** 효심

03 (내용 추론)
②

04 (중심 내용 쓰기)
　글쓴이는 아빠와 함께 <u>정조</u>와 <u>사도세자</u>의 무덤이 있는 <u>융건릉</u>으로 역사 탐방을 다녀오면서 아버지 사도세자에 대한 정조의 지극한 <u>효심</u>에 감동하였다.

01 **1** 융건릉으로 가는 차 안에서 글쓴이의 아빠는 융건릉은 융릉과 건릉을 합쳐 부르는 명칭이라고 설명해 주었어요. **2** 건릉은 정조와 효의왕후의 무덤으로, 사도세자와 혜경궁 홍씨의 무덤인 융릉과 비슷한 구조를 갖추고 있어요.

02 글쓴이가 재실 문을 열고 들어가니 '제사' 준비에 필요한 향나무가 마당 중앙에 있었어요. 글쓴이는 융릉에서 정조가 용주사라는 절을 지어 아버지의 '극락왕생'을 빌었다는 설명을 들었고, 건릉에서 정조의 유언에 따라 융릉 동쪽에 있던 건릉이 '풍수지리'상 좋지 않다는 이유로 옮겨졌다는 설명을 들었어요. 아버지를 위하는 정조의 지극한 '효심'에 감동한 글쓴이는 건릉에서 기념사진을 찍었어요.

03 ㄴ은 글쓴이가 재실에서 들은 내용으로, 새롭게 알게 된 내용에 해당해요. 나머지는 글쓴이가 느낀 점을 표현한 내용이에요.

(오답풀이)
① ㄱ은 글쓴이가 융건릉으로 가는 차 안에서 아빠의 설명을 듣고 느낀 점이에요.
③ ㄷ은 글쓴이가 재실에서 융릉으로 이동하면서 느낀 점이에요.
④ ㄹ은 글쓴이가 융릉에서 느낀 점과 한 일이에요.
⑤ ㅁ은 글쓴이가 융건릉 탐방을 마치며 느낀 점이에요.

04 이 글은 글쓴이가 아빠와 함께 융건릉으로 역사 탐방을 다녀와서 쓴 기행문이에요. 융릉에는 사도세자와 혜경궁 홍씨가, 건릉에는 정조와 효의왕후가 함께 묻혀 있는데, 글쓴이는 융건릉을 탐방하면서 아버지 사도세자에 대한 정조의 지극한 효심에 감동했어요.

어휘를 익혀요

본문 87쪽

01 **1** ㄱ   **2** ㄷ   **3** ㄴ　　**02** **1** 지극   **2** 탐방   **3** 풍수지리　　**03** **1** 승하   **2** 효심   **3** 생전

실력 확인

▲ 글의 문단별 내용을 정리하고 주제를 써 보아요.

01 상대방을 배려하는 말하기

본문 8~9쪽

1문단 자 기 중 심 적 인 말하기에 대한 문제 제기

2문단 상대방을 배려하는 말하기 ①: 상대방의 처 지 와 기분을 고려하여 말하기

3문단 상대방을 배려하는 말하기 ②: 상대방에게 미칠 영 향 을 고려하여 말하기

4문단 상대방을 배려하는 말하기 ③: 상대방의 말을 경 청 하기

5문단 상대방을 배려하는 말하기에 대한 당부

주제 상대방을 배 려 하는 말하기 방법

02 무엇을 보고 만들었나

본문 12~13쪽

1문단 새로운 것이라고 생각되지만 무엇인가를 보고 만든 발 명 품

2문단 상 어 피부의 돌기를 본떠 만든 전신 수영복

3문단 도꼬마리 열매의 가시를 본떠 만든 벨 크 로

4문단 연 잎 의 표면을 본떠 만든 방수복과 김 서림 방지 필름

5문단 자 연 물 을 본떠 만든 많은 발명품

주제 자 연 물 을 본떠 만든 세 가지 발명품

03 작지만 큰 나라

본문 16~17쪽

1문단 전 세계에서 크기가 가장 큰 러 시 아 와 인구가 가장 많은 중 국

2문단 인 구 가 가장 적은 바티칸 시국

3문단 바티칸 시국이 생기게 된 역사적 과정

4문단 오늘날 바 티 칸 시 국 의 위상

주제 전 세계에서 가장 작지만 전 세계에 큰 영향을 미치는 나라인 바 티 칸 시 국

4 사려 깊은 노랑 물고기

본문 20~21쪽

①문단 성 문 에 불이 나자 도망가자는 노랑 물고기와 이를 듣지 않는 다른 물고기들

②문단 사람들이 불 을 끄느라 퍼내면서 빠르게 줄어든 연못의 물

③문단 연못의 물이 바닥나자 사 람 들에게 잡힌 물고기들

④문단 사 려 깊은 태도에 대한 당부

주제 사 려 깊은 태도의 중요성

5 천 살이 넘은 축구

본문 24~25쪽

①문단 삼국 시대부터 있었던, 축구와 비슷한 놀이인 축 국

②문단 축국을 했던 사람들과 축국의 놀이 방법

③문단 발해와 통일 신라 시대에 축국보다 인기 있었던 격 구

④문단 고려 시대에 백 성 들도 즐긴 축국

⑤문단 조선 시대에 거의 하지 않게 된 축국과 영 국 사람들이 가르쳐 준 오늘날의 축구

주제 축국과 격구를 통해 본 축 구 의 역사

6 어른은 못 듣는 소리

본문 28~29쪽

①문단 피아노 건 반 의 개수에 대한 의문

②문단 가 청 주 파 수 의 뜻과 피아노 건반의 개수가 88개인 이유

③문단 나 이 에 따라 달라지는 가청 주파수

④문단 나이에 따라 가청 주파수가 달라지는 이 유

주제 가 청 주 파 수 의 범위 및 가청 주파수가 나이에 따라 달라지는 이유

실력 확인

07 도자기를 만드는 과정

본문 32~33쪽

1문단 도자기를 만드는 일인 도자기 공 예

2문단 도자기를 만드는 과정 ①: 점 토 만들기

3문단 도자기를 만드는 과정 ②: 형 태 만들기

4문단 도자기를 만드는 과정 ③: 건 조 하기

5문단 도자기를 만드는 과정 ④: 굽 기

6문단 완 성 도 높은 도자기를 만들기 위한 방법

✍ **주제** 도 자 기 를 만드는 과정

08 초등학생의 휴대 전화 사용은 바람직한가

본문 36~37쪽

1문단 논 제 및 토론 방법

2문단 찬 성 측의 주장과 근거

3문단 반 대 측의 주장과 근거

4문단 반대 측 입장의 청 중 의 의견

5문단 찬성 측 입장의 청중의 의견

✍ **주제** 초등학생의 휴대 전화 사용에 관한 찬반 토 론

09 너는 무슨 형이야?

본문 40~41쪽

1문단 에 이 비 오 식에 따라 네 가지로 구분되는 혈액형

2문단 혈액형 유전자 A , B , O 의 조합으로 정해지는 혈액형

3문단 혈액형 유전자 조합의 구체적 사례

4문단 아 르 에 이 치 식에 따라 양성과 음성으로 구분되는 혈액형

5문단 혈액형을 알아야 하는 이유와 헌 혈 의 중요성

✍ **주제** 혈액형 유 전 자 의 조합에 따라 정해지는 혈액형

10 계절마다 변해요

본문 44~45쪽

- **1문단** 계절에 따라 변화가 큰 우리나라의 기후
- **2문단** 계절에 따른 기온 차이
- **3문단** 계절에 따른 강수량 차이
- **4문단** 지역 에 따른 기온과 강수량 차이

✔주제 계절 과 지역에 따른 우리나라의 기후

11 개미와 꿀벌, 이렇게 산다

본문 48~49쪽

- **1문단** 의사소통을 하는 곤충
- **2문단** 무리를 지어 살며 분업 을 하는 개미
- **3문단** 페로몬 과 소리를 이용하여 생각을 전달하는 개미
- **4문단** 무리를 지어 살며 분업을 하는 꿀벌
- **5문단** 춤 을 이용하여 생각을 전달하는 꿀벌
- **6문단** 의사소통 과 분업을 통해 무리 생활을 유지하는 개미와 꿀벌

✔주제 개미와 꿀벌이 무리 생활을 하는 방법

12 조선 시대의 통신 수단

본문 52~53쪽

- **1문단** 조선 시대의 중요한 통신 수단이었던 봉수와 파발
- **2문단** 봉수대에 연기 나 불을 피워 소식을 전하던 봉수
- **3문단** 사람이 걷거나 말 을 타고 가서 소식을 전하던 파발
- **4문단** 봉수와 파발의 장단점

✔주제 조선 시대의 통신 수단인 봉수 와 파발 의 구체적인 방법과 장단점

실력 확인

13 스티븐 호킹 박사 이야기

본문 56~57쪽

1 문단 삶의 고난을 극복하고 업 적 을 남긴 스티븐 호킹

2 문단 별과 우주에 관심이 많았으며 과 학 자 가 되고 싶었던 스티븐 호킹

3 문단 루 게 릭 병이라는 진단을 받지만 연구를 계속한 스티븐 호킹

4 문단 블 랙 홀 에 대한 새로운 이론을 발표하고 영국 왕립 학회의 일원이 된 스티븐 호킹

5 문단 목 소 리 를 잃은 후에도 여러 권의 책을 쓴 스티븐 호킹

6 문단 어떤 역 경 에도 굽히지 않는 의지로 사람들에게 감동을 준 스티븐 호킹

주제 스 티 븐 호 킹 박사의 삶과 업적

14 아플 때 먹는 세계의 음식

본문 60~61쪽

1 문단 우리나라에서 감기에 걸렸을 때 먹는 배 즙 과 생강차

2 문단 러시아에서 감기에 걸렸을 때 먹는 고 골 모 골

3 문단 핀 란 드 에서 감기에 걸렸을 때 먹는 양파 우유

4 문단 미국에서 감기에 걸렸을 때 먹는 치 킨 누 들 수프

5 문단 싱가포르에서 감기에 걸렸을 때 먹는 흰 살 생 선 과 생강이 들어간 죽

6 문단 각 나라의 문 화 와 자연환경에 따라 다른 음식 문화

주제 세계 여러 나라에서 감 기 에 걸렸을 때 먹는 음식의 특징과 효능

15 건강 지킴이, 세로토닌과 멜라토닌

본문 64~65쪽

1문단 건 강 에 영향을 주는 세로토닌과 멜라토닌

2문단 세 로 토 닌 과 멜 라 토 닌 의 역할

3문단 세로토닌이나 멜라토닌 부 족 이 건강에 미치는 영향

4문단 세로토닌이나 멜라토닌이 부족한 경우 건강을 지키는 방법

5문단 규칙적인 생 활 습 관 의 중요성

✍ **주제** 세로토닌과 멜라토닌의 역할 및 세로토닌이나 멜라토닌 부족이 건 강 에 미치는 영향

16 웃음의 다양한 의미

본문 68~69쪽

1문단 여러 상황에서 발생하며 다양한 의미를 가지는 웃 음

2문단 긍정적 의미를 갖는 웃음: 폭소, 대소, 너털웃음, 미소, 함 박 웃 음 , 눈웃음

3문단 부정적 의미를 갖는 웃음: 고소, 실소, 조 소 , 비소, 냉소

4문단 긍 정 적 인 웃음의 중요성

✍ **주제** 긍 정 적 상황과 부 정 적 상황에서 나타나는 웃음의 의미

17 부채 이야기

본문 72~73쪽

1문단 오랜 역사와 함께한 부 채

2문단 고 려 시대의 부채와 조 선 시대의 부채

3문단 쓰 임 새 가 다양했던 우리나라의 부채

4문단 유럽에서 여성들이 멋이나 의 사 표 현 을 위해 사용한 부채

✍ **주제** 부채의 역 사 와 쓰임새

실력 확인

18 바다 밖으로 나온 산

본문 76~77쪽

1문단 ' 히 말 라 야 '라는 말의 뜻과 히말라야산맥의 특징

2문단 에베레스트산에서 발견된 바다 생물의 화 석

3문단 판 의 움직임 때문에 바닷속에 있다가 땅 위로 올라온 에베레스트산

4문단 판과 판이 충돌하면서 히 말 라 야 산 맥 이 만들어진 과정

주제 히말라야산맥에서 바 다 생 물 의 화석이 나온 이유

19 조선은 모자의 왕국

본문 80~81쪽

1문단 다양했던 조선 시대의 모 자

2문단 조선 시대 여 자 들의 모자

3문단 조선 시대 남 자 들의 모자

4문단 ' 모 자 의 나 라 '로 불린 조선

주제 성 별 , 신분, 상황에 따라 구분하여 썼던 조선 시대의 다양한 모자

20 융건릉을 다녀와서

본문 84~85쪽

1문단 융 건 릉 을 탐방하게 된 동기

2문단 재 실 에서 알게 된 내용

3문단 융 릉 에서 알게 된 내용

4문단 건 릉 에서 알게 된 내용

5문단 융건릉 탐방에 대한 감 상

주제 융 건 릉 을 다녀와서 보고, 듣고, 느낀 내용

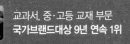

시작부터 남다른 한끝

한끝이 반이다

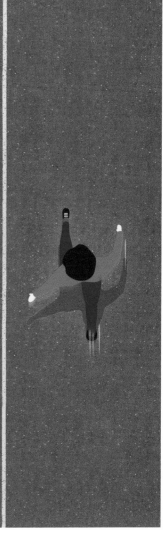

한끝

교과서 학습부터 **평가 대비**까지 **한 권**으로 **끝!**

3100만 권 돌파

- 깔끔한 개념 정리로 교과서 **핵심 내용**이 머릿속에 쏙쏙
- 알기 쉽게 풀어 쓴 용어 설명으로 **국어·사회 공부의 어려움**을 해결
- 풍부한 사진, 도표, 그림 자료로 **어려운 내용**도 한번에 이해
- 다양하고 풍부한 유형 문제와 서술형·논술형 문제로 **학교 시험**도 완벽 대비

초등 국어 1~6학년 / 사회 3~6학년

완자·공부력·시리즈 매일 4쪽으로 스스로 공부하는 힘을 기릅니다.

대표전화 1544-0554
주소 서울특별시 구로구 디지털로33길 48 대륭포스트타워 7차 20층
협의 없는 무단 복제는 법으로 금지되어 있습니다.